Franz Fischler

Erinnerungen

Aufgezeichnet von
Peter Pelinka

UEBERREUTER

ISBN 3-8000-7133-9
ISBN 978-3-8000-7133-3
Alle Urheberrechte, insbesondere das Recht der Vervielfältigung, Verbreitung und öffentlichen Wiedergabe in jeder Form, einschließlich einer Verwertung in elektronischen Medien, der reprografischen Vervielfältigung, einer digitalen Verbreitung und der Aufnahme in Datenbanken, ausdrücklich vorbehalten.
Covergestaltung: Kurt Hamtil / Verlagsbüro Wien
Coverfoto: Georg Schönwiese / www.av-media.at
Copyright © 2006 by Verlag Carl Ueberreuter, Wien
Druck: Druckerei Theiss GmbH, A-9431 St. Stefan i. Lav.
1 3 5 7 6 4 2

Ueberreuter im Internet: www.ueberreuter.at

Für Heidi, Bernadette, Klaus, Ursula und Georg

INHALT

Vorwort
9

KAPITEL 1
Von der Geburt bis zur Matura:
1946–1966
11

KAPITEL 2
Von der Matura zum Hochschulassistenten:
1966–1979
29

KAPITEL 3
Vom Hochschulassistenten zum Kammerdirektor:
1979–1989
51

KAPITEL 4
Vom Kammerdirektor zum Minister:
1989–1994
63

KAPITEL 5
Die erste Periode als EU-Kommissar:
1995–1999
89

KAPITEL 6
Die zweite Periode als EU-Kommissar:
1999–2004

121

KAPITEL 7
Nach dem Ende der Kommissartätigkeit:
seit 2005

167

Nachwort

173

Bildnachweis

174

Personenregister

175

Vorwort

Ich glaube, dass es in Österreich noch immer zu wenig gute Bücher zur Zeitgeschichte gibt, die von den handelnden Personen selbst geschrieben werden.

Der langjährige Landwirtschaftsminister und EU-Kommissar Dr. Franz Fischler hat dieses Manko ein bisschen kleiner gemacht: Er hat ein Buch über seine Lebenserinnerungen und vor allem auch über seine Arbeit in Brüssel geschrieben und mich eingeladen, diesem Buch ein Vorwort zu widmen.

Diese Einladung habe ich gerne angenommen, weil mir die Lektüre des Manuskriptes gezeigt hat, dass es sich um eine mit tirolerischer Geradlinigkeit, von der Leber weg geschriebene Biografie handelt; weil darüber hinaus Interessantes zur österreichischen Zeitgeschichte berichtet wird und weil Themen aus dem Bereich der EU und rund um den österreichischen EU-Beitritt sachkundig und glaubwürdig abgehandelt werden.

Der Autor – 1946 in Absam in Tirol geboren – beschreibt die Welt, in der er aufgewachsen ist, und seinen Weg in die Landwirtschaftspolitik bzw. in die Politik.

Seine Ernennung zum Landwirtschaftsminister im Jahr 1989 über Vorschlag von Josef Riegler erfolgte wahrscheinlich so wie viele andere Bestellungen zu Regierungsmitgliedern: Der Betroffene erfährt es nahezu als Letzter.

Seine Bestellung zum Mitglied der EU-Kommission mit der Verantwortung für die Landwirtschaft war eine logische Entscheidung auf breiter politischer Basis.

An die Tätigkeit von Bundesminister Franz Fischler kann ich mich sehr gut erinnern, weil sie in der ersten Hälfte der Neunzigerjahre mit meiner Tätigkeit als Präsident des Nationalrates zeitlich parallel lief und Fischler mir als Bundesminister aufgefallen ist, der sich um ein gutes Verhältnis zum Parlament bemüht hat.

Die schwierigen Verhandlungen über den österreichischen EU-Beitritt beschreibt Fischler als einen Höhepunkt der koalitionären Zusammenarbeit in den Neunzigerjahren, und obwohl ich diese Periode aus einer anderen Position des politischen Spektrums beobachtet habe, glaube ich, dass er damit Recht hat.

Seine Tätigkeit als Kommissar für den großen Landwirtschaftsbereich wurde auch international allgemein anerkannt, und die eingangs erwähnte tirolerische Geradlinigkeit und Offenheit legt der Autor auch an den Tag, wenn er über die Entstehung der so genannten EU-Sanktionen im Jahre 2000 in sehr fairer und absolut glaubwürdiger Weise berichtet.

Nach Beendigung seiner Tätigkeit in Brüssel im Jahre 2005 ist Fischler nach Österreich zurückgekehrt und stellt seine Erfahrungen weiterhin in den Dienst des europäischen Projektes.

Dieses Vorwort ist eine gute Gelegenheit, um ein Wort des Dankes für die ausgezeichnete Arbeit von Dr. Franz Fischler in Brüssel zu sagen, die in gleicher Weise der EU und seinem Heimatland gedient und genützt hat.

Dem vorliegenden Buch von Franz Fischler wünsche ich zahlreiche interessierte Leserinnen und Leser.

Wien, im August 2006

Heinz Fischer

1

Von der Geburt bis zur Matura
1946–1966

Ich bin ein waschechtes Nachkriegskind, geboren am 23. September 1946. Wenn man die neun Monate Schwangerschaft meiner Mutter zurückrechnet, kommt man auf die Weihnachtszeit 1945, exakt jenen Zeitpunkt, zu dem mein Vater aus dem Krieg zurückkehrte. Ich habe also das Ende der Vierziger- und die Fünfzigerjahre bewusst miterlebt.

Das Dorf Absam, in das ich hineingeboren wurde, liegt nahe Innsbruck, ist fast zusammengewachsen mit der alten Salinenstadt Hall und kein eigentliches Bauerndorf, sondern geprägt durch den Salzbergbau und durch das Gewerbe. Schon seit Jahrhunderten gibt es dort Schmieden, Mühlen und Sägewerke. Es hat also kaum so richtig »gstandene« Bauern gegeben wie sonst im Unterinntal, die Landwirtschaft war bei uns immer eine Art Nebenerwerbslandwirtschaft.

Auch meine Familie war keine »reine« Bauernfamilie: Mein Vater stammte zwar aus einer solchen, meine Mutter kam aber von außerhalb der Landwirtschaft. Die Familie Fischler wurde – wie so viele andere – wahrscheinlich im 16. Jahrhundert zur Rettung des Bergbaus in die Gegend geholt, weil immer, wenn die Pest oder eine andere Seuche ausbrach, die ganze Region rasch dezimiert wurde. Andere Fischlers gibt es vor allem in der Gegend von Donaueschingen, einige davon sind wohl nach Tirol gekommen. Die Landwirtschaft spielte wie gesagt in unserer Gegend stets nur eine Nebenrolle hinter dem Bergwerk, diente vor allem zur Selbstversorgung, die Höfe waren entsprechend klein.

Auch der Bauernhof, auf dem mein Vater und dann ich aufgewachsen sind, war eine Kleinstlandwirtschaft: drei Hektar Grund, drei bis vier Kühe. Dennoch mussten meine Großeltern eine Zeit lang davon leben, vor allem während des Krieges. Mein Großvater väterlicherseits war nicht nur Bauer, sondern auch Eisenbahner, er hatte außer einem Sohn auch noch eine Tochter, meine Tante. Meine Großmutter hat trotz der beschränkten Mittel sehr viel Wert darauf gelegt, dass beide Kinder eine für die damalige Zeit gute Schulausbildung erhalten. Sie gingen nach Hall in die Hauptschule, für die man damals noch Schulgeld zahlen musste.

Der Vater: Mit 19 Jahren an der Front

Mein Vater ist 1938, mit 19 Jahren, eingezogen worden und bald darauf an die Front gekommen. Er war während des gesamten Krieges an der Eismeer-Front, in Nord-Norwegen, zwischen der so genannten Fischer-Halbinsel und Murmansk. Auf dem Rückzug ging er zu Fuß vom Eismeer nach Dänemark, war dann kurze Zeit in französischer Kriegsgefangenschaft, ehe er kurz vor dem Jahresende 1945 wieder heim nach Tirol kam. Die Kriegserlebnisse haben ihn stark geprägt, er hat sie eigentlich nie wirklich verarbeitet. Wir Kinder haben ihn mehrmals während seines Mittagsschlafes im Traum schreien und kämpfen gehört – er kämpfte dabei noch einmal geschockt den Krieg durch. Anschließend hat er aber nie über seine Erlebnisse oder Träume gesprochen.

Meine Eltern, die während eines Fronturlaubs meines Vaters 1944 heirateten, hatten sich zu Beginn der Dreißigerjahre im christlich-sozialen Reichsbund kennen gelernt. Dort gab es damals in Absam einen jungen Geistlichen, der Jugendliche mit Freizeitaktivitäten, mit Theater- und Tanzgruppen angesprochen hat, so haben sich mein Vater und meine Mutter kennen und lieben gelernt.

Meine Eltern waren sehr »katholisch-jugendbewegt«, die Religion war bei uns daheim stets ein wichtiges Thema. Es ist wohl kein Zufall, dass meine Tante ins Kloster gegangen und später Oberin der Ordensprovinz der Kreuzschwestern geworden ist. Vor allem die Frauen in unserer Familie waren sehr aktive Katholikinnen, die ihre Überzeugung auch in der Familie intensiv praktizierten. Meine Mutter hat mich zum Beispiel persönlich auf die Erstkommunion vorbereitet, mir ihr Hauptmotiv für ihren tiefen Glauben erzählt: Bei allen Schwierigkeiten sei die Religion das einzige Sicherheitsnetz, das einen immer auffange.

Die religiöse Prägung daheim

Auch später habe ich bei all meinen Differenzen mit der Amtskirche Religion eigentlich nicht als einschränkend, sondern als befreiend empfunden, als Stütze bei waghalsigen Handlungen oder in gefährlichen Situationen. Auch passend bei eigenen Fehlhandlungen: Einmal bauten wir im Garten vom höchsten Apfelbaum herab eine ziemlich steile Seilbahn und ließen eine Kiste mit unserem Viertgeborenen, Christoph, der damals zwei Jahre alt war, hintergleiten. Der fiel prompt hinaus und brach sich den Arm. Es hätte viel schlimmer kommen können, für uns war bewiesen, was für einen Schutzengel wir alle doch besitzen – er wie wir.

Die religiöse Prägung vollzog sich auch über die Lektüre: Meine Mutter las uns jahrelang aus teilweise kitschigen Jesusbüchern vor – damals habe ich sie nicht so empfunden –, vor allem geschah das im Advent. Und meine Großmutter las uns vor allem an Sonntagnachmittagen Heiligengeschichten vor. Von ihr besitze ich noch ein uraltes, kleines, schwarzes Büchlein, ganz bigott, eins von der Sorte, von der meine Kinder sicher nichts mehr gehört haben. Meine Großmutter ist auch regelmäßig mit uns wallfahren gegangen, nach Locherboden, nach Maria Stein oder Georgenberg. Mich hat dabei am meisten die Bahnfahrt interessiert – und die Würstel am Heimweg, auch wenn mir von denen oft schlecht geworden ist.

Die Anti-Nazi-Haltung

Ebenso prägend wie die religiöse Einstellung daheim war die politische, vor allem die Anti-Nazi-Haltung, auch das Generationen übergreifend. Der Vater meiner Mutter war in der Zwischenkriegszeit Vizeleutnant beim österreichischen Bundesheer, in der Klosterkaserne in Innsbruck. Nach der Annexion Österreichs wurde er in das deutsche Militär übernommen, bald aber mit Schimpf und Schande entlassen: Er hatte sich über den nationalsozialistischen Ortsparteiführer von Absam abfällig geäußert. Der Rauswurf kam ihm gar nicht ungelegen, denn für den Fronteinsatz war er ohnehin zu alt. Auch mein anderer Großvater, der Vater meines Vaters, war Geburtsjahrgang 1890 und wurde als Bauer nicht eingezogen. Er hat während des Krieges vielen Leuten geholfen, etwa indem er im Dorf »schwarz« Schweine schlachtete oder Rat wusste, wenn eine Kuh erkrankte.

Meine Großmutter hat mir aus der Kriegszeit eine besonders einprägsame Episode erzählt: Mehrmals hatten meine Großeltern gesehen, wie auf dem Haller Friedhof Leichen aus der Landesnervenkrankenanstalt von Hall – damals hieß sie noch Landesirrenanstalt – während der Nacht vergraben wurden. Die Nationalsozialisten haben auch dort ihr Euthanasieprogramm angewendet, haben wehrlose Geisteskranke gequält und getötet.

Es ist nicht wahr, dass die Bevölkerung nicht wusste, was passierte. Meine Mutter hat sich geweigert, am triumphalen Empfang Adolf Hitlers bei seinem ersten Besuch in Innsbruck teilzunehmen, wie es ihr in der Schule befohlen worden war. Und auch später haben beide Eltern mit ihrer Gegnerschaft gegen die Nationalsozialisten nicht hinter dem Berg gehalten, haben mit ihren bescheidenen Mitteln geistigen Widerstand geleistet, trotz der Risiken, derer sie sich bewusst waren. Vor allem deshalb, weil die meisten Nazis im Laufe der Zeit aus ideologischem Protest aus der katholischen Kirche ausgetreten und dem Bestattungsverein »Flamme« beigetreten waren und auch lockerere Sexualmoralvorstellungen hatten.

Vor allem von meiner Mutter weiß ich, dass in ihren Augen die Nazis etwas Schreckliches waren. X-mal ist daheim erzählt worden, dass sich die Nazis im Franziskanerkloster von Hall an den Sakramentsgefäßen vergriffen und mit den Kelchen Gelage feierten.

Über den Ständestaat haben wir nach 1945 kaum gesprochen. Dessen Architekt Engelbert Dollfuß wurde nur in Zusammenhang mit seiner Ermordung durch die Nationalsozialisten im Juli 1934 erwähnt, mehr Beziehung hatte man in Absam zu seinem Nachfolger Kurt Schuschnigg, einem gebürtigen Tiroler. Auch den Bürgerkrieg zwischen der Heimwehr – deren Mitglieder wurden allgemein Hahnenschwanzler genannt – und dem Schutzbund im Februar 1934 hat man kaum erwähnt, er spielte sich wohl für die meisten Tiroler weit weg ab, eher im Osten Österreichs. Dabei hat es in Hall und auch in Absam ein sozialdemokratisches Milieu gegeben, durch die Eisenbahner und den großen Industriebetrieb, ein Zweigwerk der Vorarlberger Textilfabrik Rhomberg, dazu noch einige kleinere Firmen in der Umgebung.

»Die Roten« sind »die anderen«

Schon deshalb gab es in Absam wie auch in vielen benachbarten Orten stets sozialdemokratische Gemeinderäte, über die man bei uns zu Hause nie abfällig geredet hat. Die ersten konkreten Eindrücke von den Sozialisten bekam ich bei ihren Maiaufmärschen in Hall: Da sind sie dann anschließend mit ihren bunt geschmückten Fahrrädern auch bei unserem Haus vorbeigefahren, für mich jedes Mal ein freudiger Eindruck. Mein Großvater hatte sogar einen kommunistischen Nachbarn, mit dem er oft auf der Bank vor der Stalltür diskutiert hat, bisweilen auch gestritten, aber stets friedlich: Keiner wollte den anderen bekehren. Dennoch war klar: »Die Roten« sind »die anderen«.

Ich bin also streng katholisch erzogen worden, mehr von der Mutter und der Großmutter als vom Vater. Dieser war viel unterwegs, weil er sich nach dem Krieg in mehreren öffentlichen Funktionen stark engagierte, bei den Schützen, der Feuerwehr, im Gemeinderat, als erster Jungbauernobmann und als örtlicher Vertreter der Landwirtschaftskammer.

Beruflich war der Vater eher unglücklich, hat trotz seiner Intelligenz nirgendwo wirklich Fuß fassen können, wohl auch, weil er als sehr sensibler Mensch mit den Kriegserlebnissen nie wirklich fertig geworden ist. Er hatte ursprünglich Drogist werden wollen. Seine Mutter hätte ihn zwar lieber als Bauer gesehen, hat aber dennoch einen Lehrplatz für ihn gesucht. Bei den Drogisten hatte sie keinen Erfolg, dann hat er eine Lehre in einem Buch- und Papierwarengeschäft in Hall absolviert. Als er mit der Lehre fertig war, musste er gleich zum Militär und in den Krieg. Nach 1945 fand er im Buchhandel keinen Job, seine Eltern daheim waren der Meinung, er solle den Hof übernehmen. Gleichzeitig war klar, dass zwei Familien davon nicht leben könnten, außerdem hat es ihn nie wirklich in die Landwirtschaft gezogen. Also hat er versucht, mit zwei Ochsen Fuhrwerksdienste zu leisten und so ein bisschen etwas dazuzuverdienen. Mein Vater hat mit seinen zwei Ochsen vor allem Holz und Kohle transportiert und im Frühjahr und Herbst geackert. Ich habe ihn oft mit den zwei riesigen Ochsen namens Max und Moritz begleitet.

Eine Zeit lang hat das Geschäft ganz gut funktioniert, dann ist die Anzahl der Kinder gewachsen und die Zahl der Aufträge gesunken. Schließlich wechselte mein Vater in den Gemeindedienst. Als er bei der Neuvermessung der Gemeinde Hilfsdienste leisten musste, stellte er sich so geschickt an, dass sein nächster Job fixiert war: Er ist Vermessungsbeamter geworden und bis zu seiner Pensionierung geblieben.

Die Mutter mit sechs Söhnen

Meine Mutter, ein Jahr jünger als mein 1919 geborener Vater, hatte ihre Mutter bereits mit 16 Jahren verloren. Sie war eine wirklich starke Frau, hat nicht nur die Hauptschule absolviert, sondern dann auch die Ferrari-Schule in Innsbruck. Dort hat sie die Schneiderei erlernt. Diese Kenntnisse sind ihr später mit den Kindern sehr zugute gekommen. Sie konnte für uns vieles selbst schneidern und hat versucht, nebenbei damit etwas Geld zu verdienen. Ihr Motto war: »Man darf sich nur nicht unterkriegen und der Not keinen Schwung lassen.« Bargeld war, bevor der Vater als Gemeindearbeiter ein fixes Einkommen erhielt, sehr rar im Hause Fischler. Oft musste meine Mutter mit 20 Schilling pro Woche das Auslangen finden.

Sie hat insgesamt sechs Söhne geboren: Mich als ältesten 1946, den 1947 geborenen Michael, er ist heute Direktor der Tiroler Fachberufsschule für Holztechnik, dann 1950 Florian, heute Stadtgartenchef von Hall. Der vierte, Christoph, Jahrgang 1954, leitet einen Gastronomiebetrieb, der ein Jahr jüngere Rudolf ist selbstständiger Tischler. Und der jüngste, Peter, ist mit 19 Jahren bei einem Autounfall ums Leben gekommen. Meine Mutter hat bis zu ihrem Lebensende im Dezember 2004 stets behauptet, es sei leichter, sechs Söhne aufzuziehen als auch nur eine Tochter. Aber der Verlust des Jüngsten hat sie dann stark mitgenommen, noch dazu, nachdem vier Jahre zuvor mein Vater mit nur 52 Jahren verstorben war.

Das »Kommando« daheim hat auf jeden Fall meine Mutter geführt. Michael und ich sind in der Wohnung ihrer Eltern zur Welt gekommen, meine Eltern waren zwar verheiratet, konnten sich aber damals noch keine eigene Wohnung leisten. Als ich drei Jahre alt war, übersiedelten wir dann zu den Eltern meines Vaters auf den Bauernhof. Dort habe ich eigentlich mehr mit den Großeltern als mit den Eltern zusammengelebt. Wir konnten erst als Familie zusammenleben, nachdem meine Großeltern gestorben waren. Nachdem es der Oma, der eigentlichen Eigentümerin des Hofes – der Großvater hatte in den Hof eingeheiratet –, schon nicht gelungen war, ihren Sohn für den Bauernberuf zu begeistern, hat sie es dann bei mir versucht.

Ich bin dann eine Zeit lang mehr von ihr als von den Eltern erzogen worden, auch »verzogen«, wie meine Brüder heute noch meinen: Ich konnte manches tun, was nur ich durfte. Weniger deshalb, weil ich der Älteste war, eher weil meine Großmutter davon beseelt war, aus mir einen tüchtigen Bauern zu machen. Mein Vater hat auf das Geschehen zu Hause wenig Einfluss genommen, meine Mutter war um unsere Herzensbildung bemüht und hat auf die Alltagskultur großen Wert gelegt. Sie liebte gepflegte Tischkultur und gute Küche. Nachdem dafür häufig das Geld fehlte, hat sie manchmal etwas sarkastisch bemerkt: »Jeder Depp kann mit viel Geld aus einem Haufen guter Zutaten ein gutes Essen kochen, die wahre Kochkunst besteht darin, aus nichts etwas Gutes zuzubereiten.«

Mit vierzehn Jahren den Hof geführt

Zwischen den beiden dominanten Frauen gab es immer wieder Spannungen: Meine Großmutter, eine wirklich herrische Erscheinung, hatte immer das Gefühl, an der Seite ihrer Schwiegertochter werde es keinen Bauern geben, weder beim Vater noch beim Sohn. Immerhin führte ihre Arbeit dazu, dass ich als Vierzehnjähriger sogar ein halbes Jahr den Hof geführt habe – freilich mit entsprechend negativen schulischen Konsequenzen.

Unser Hofgebäude war ein großes Haus, wenn auch leider nicht sehr gut gebaut, weil das gesamte Dorfviertel um 1870 abgebrannt ist und der Neubau sehr rasch feuchte Mauern hatte. Wegen dieser immer größeren Mängel habe ich vor etlichen Jahren ein neues Haus gebaut.

Die räumlichen Verhältnisse waren immer beengt: Wir hatten lange Zeit nur ein abgeteiltes Zimmer mit einer Küche, also drei Räume mit insgesamt vielleicht 35 Quadratmetern. Dort lebten vier Kinder und zwei Erwachsene, dazu kamen im anderen Hausteil die Großeltern, bei denen ich geschlafen habe. Aber immerhin gab es einen großen Garten mit vielen Obstbäumen und eine überaus vielfältige

Landwirtschaft: Die Großmutter hat Obst, Gemüse, Getreide, Rüben und vieles andere produziert, dazu kam die Milchproduktion. Insgesamt für alle miteinander zum Leben zu wenig, zum Sterben zu viel.

Schon damals hat sich meine lebenslange Lust am selbstständigen Handeln entwickelt: Im Alter von vier Jahren durfte ich meine Großmutter begleiten, wenn sie mit ihren Produkten auf den Markt gefahren ist, um dort ihre Äpfel, Birnen oder das Gemüse zu verkaufen, so wie viele andere Bäuerinnen aus dem Dorf auch. Einmal hat sie auch zwei Enten mitgenommen, im Käfig, noch lebendig. Am Vormittag musste sie in der Stadt noch einiges erledigen und trug mir auf, auf die noch zu verkaufenden Tiere aufzupassen. Da sind zwei französische Damen vorbeigekommen – Tirol lag ja in der französischen Besatzungszone – und ich habe ihnen trotz unserer Verständigungsschwierigkeiten die Tiere verkauft. Mit dem Geld, das ich bekam, habe ich meine Großmutter total verblüfft: Ich konnte ihr doppelt so viel übergeben, als sie verlangen wollte.

Beliebte Franzosen als Besatzer

Überhaupt waren die Franzosen bei uns gerne gesehen, wir haben sie nur gefürchtet, wenn sie mit ihren Panzern durchs Tal fuhren: vor allem wenn in einer engen Gasse ein Fenster in Brüche ging, weil ein Panzerrohr geschwenkt wurde, oder wenn ein Gehsteig durch die schweren Gefährte ruiniert wurde. Sonst habe ich durchaus positive Erinnerungen, vor allem an Schokolade, die uns Kindern von den Soldaten geschenkt wurde. Von den Problemen in anderen Besatzungszonen hatten wir keine Ahnung, sodass wir auch nicht die volle Bedeutung des Staatsvertrages erfassen konnten, auch nicht jene der österreichischen Neutralität.

Noch ein anderes wichtiges Ereignis haben wir nur höchst indirekt und erst verspätet mitbekommen: den Ungarnaufstand. Nach dem gescheiterten Aufstand in Ungarn kamen auch nach Tirol Flüchtlinge. Einer davon wurde im Gymnasium mein Turnlehrer. Ihm, der nur gebrochen Deutsch konnte, haben wir besonders übel mitgespielt. Da das Gymnasium über keinen Turnsaal verfügte, mussten wir stundenweise in die städtische Turnhalle ausweichen. Er kannte sich nicht gut aus und verzichtete immer öfter darauf, uns zur Turnhalle zu begleiten. Konsequenz: Es gingen zwar die Klassen brav in Zweierreihen zum Turnunterricht von der Schule ab und kehrten dorthin nach einer Stunde wieder zurück, immer öfter haben aber einige Wagemutige aus der Klasse die Zeit im Wirtshaus bei einem Bier verbracht. Kein Wunder, dass sich der gute Mann bei der Abschlussprüfung zweifach überrascht gezeigt hat: Über die Anzahl seiner Prüflinge und über deren Unbeweglichkeit.

Der Fischler-Clan – bis heute aktuell

Wir zählten trotz aller Mängel nicht zu den Ärmsten von Absam. Meine Mutter hat immer noch von jemandem gewusst, der noch weniger hatte und den man daher zu Weihnachten beschenken könnte. Sie war der Mittelpunkt unserer häuslichen Familie und hat es immer verstanden, Vernunft einkehren zu lassen. Später war sie für insgesamt 16 Enkel eine ideale Großmutter. Vor allem die Mädchen, ihre Enkelinnen, haben sie verehrt, haben ihr oft mehr anvertraut als ihren eigenen Eltern. Das ging so weit, dass meine Mutter Enkelinnenausflüge organisierte, wo sie dann im Mittelpunkt ihrer Enkelschar stand. Jedes Enkelkind hat auch zu seinem Geburtstag und zu Weihnachten jedes Mal ein Geschenk bekommen und schließlich hat sie noch sechs Urenkel erlebt. Unser Clanbewusstsein war ansteckend: Von uns fünf lebenden Söhnen haben vier ihre Häuser nebeneinander in Absam gebaut, nur der Gastwirt lebt in Hall. Bei diversen Anlässen, Taufen oder Hochzeiten kommen heutzutage etwa 30 Fischlers zusammen und es werden durch die Kinder immer mehr.

Ich wurde von meinen Brüdern häufig »Chef« genannt. Ich war auch so etwas wie ein Hauskommandant, obwohl der Zweitälteste körperlich stärker war. Das hängt wohl einerseits mit der schon beschriebenen Bevorzugung durch meine Großeltern zusammen, andererseits mit meiner charakterlichen Disposition: Ich war stets das Alpha-Tier, anerkannt nicht nur als Ältester. Und bisweilen vielleicht etwas überfordert: Mit sieben Jahren, in den Sommerferien zwischen der zweiten und dritten Volksschulklasse, durfte ich allein mit dem Großvater und einem Bekannten von ihm auf die Schafalm mitgehen. Jeder Bauer in Absam hat eine Woche lang im Karwendelgebirge auf die Absamer Schafe aufgepasst. Dort war nicht viel zu tun, es war mehr eine Art Sommerfrische zum Ausspannen. Wir haben zu dritt eine Woche in der »Kastenalm« verbracht – eine tolle Erfahrung, bis ich starke Bauchschmerzen bekam. Mein Großvater wusste nicht, was er tun sollte, die Sache wurde immer übler. Zufällig kam ein deutsches Paar mit einem Motorrad auf die Alm, die junge Dame war ebenso zufällig Krankenschwester und erkannte den Ernst der Lage. Im Tal stellte dann ein Arzt fest, dass ich bereits einen Blinddarmdurchbruch erlitten hatte. »Fünf Minuten später hättet ihr nicht mehr herkommen müssen«, hat er dann mit einigem Galgenhumor meinen bestürzt herbeigeeilten Eltern mitgeteilt.

Zu wenig gelernt, Gefühle auszudrücken

Ich habe auch als Kind teilweise wie ein kleiner Erwachsener gelebt, die Entwicklung eines eigenen Gefühlslebens ist ein wenig zu kurz gekommen. Nicht, dass ich keine Gefühle empfunden hätte, ich habe nur wenig gelernt, sie auszudrücken, ein Defizit, das mir bis heute von manchen Mitarbeitern, die etwa mehr Lob erwarten würden, nachgesagt wird. Das hängt wohl auch damit zusammen, dass ich sehr viel mit meinen Großeltern zusammen war, die eben nicht jene Gefühlsbeziehung aufbauten, wie es Eltern, speziell Mütter, gemeinhin tun.

Dennoch fühlte ich mich glücklich: Wir Kinder hatten es oft sehr lustig. Wir konnten uns frei bewegen, haben Hütten im Garten gebaut und Indianerkriege im Wald geführt, sind auf die Berge gestiegen oder Rad gefahren. Letzteres erst später: Mein erstes Fahrrad habe ich mit 14 gekauft, schon mit selbst verdientem Geld. Natürlich musste man auch mithelfen, auf einem Bauernhof gibt es ja immer etwas zu tun. Bei allem natürlichen Streit untereinander haben wir Brüder gegen einen »äußeren Feind« stets zusammengehalten, da funktionierte der dörfliche Urinstinkt.

Nur fürs Fußballspiel hatten wir wenig Zeit oder Neigung, ebenso fürs Schwimmen. Das habe ich überhaupt erst mit 19 Jahren erlernt. Und auch das Skifahren war ganz entgegen dem Tirol-Klischee nicht unsere Sache: Unsere ersten Ski waren einfache Holzbretter ohne Belag und Kanten, die haben uns wenig Spaß gemacht. Wir haben uns im Winter eher aufs Rodeln verlegt. Eine Zeit lang war ich ein wirklich wilder Rodler, inklusive Mädchen am Rücksitz und Mondschein-Feeling. Einschlägige Schadensbilanz: Eine Begleiterin brach sich den Arm, eine andere verletzte sich am Bein, ich kam mit einem geschwollenen Auge davon.

Gerne in der Volksschule

Die Volksschule in Absam war überhaupt kein Problem, ich bin gerne dorthin gegangen. Wir waren etwa 30 Buben in einer Klasse. Danach lautete das Angebot: Wenn ich ein Jahr die Hauptschule besuche und keinen Dreier im Zeugnis bekomme, kann ich ohne Aufnahmeprüfung ins Gymnasium. Meine Mutter ist gerne darauf eingegangen, noch dazu, wo ich schon mit fünf Jahren in die Volksschule gekommen war. Nach einem Jahr Hauptschule in Absam ging es dann nach Hall, ins Gymnasium zu den Franziskanern. Parallel gab es noch zwei angenehme Gruppenerfahrungen: in der Katholischen Jungschar, wo der heutige Dekan von Silz als junger Geistlicher in Absam eine Gruppe aufgebaut hatte, in der ich mich mit Begeisterung bis zum Jungscharführer hochdiente. Und – schon zuvor – das Ministrieren, in Absam nicht nur Ausdruck von Frömmigkeit, sondern auch ein gutes Geschäft. Ich habe durch Vermittlung meiner Tante zwar bei den Kreuzschwestern in Hall zu ministrieren begonnen, dann aber meine Aktivitäten auch auf die Kirche in Absam ausgeweitet. Dieser größte Marienwallfahrtsort von Tirol wurde im Volksmund die »Tiroler Heiratsfabrik« genannt, besonders beliebt war er für so genannte »Andreas-Hofer-Hochzeiten«, das waren Ereignisse, bei denen sich unter dem Hochzeitskleid der Braut bereits der Nachwuchs abzeichnete. Die Brautpaare wurden zu der Zeit häufig gruppenweise abgefertigt und wir wurden von den Brautpaaren für unsere Hilfsdienste reichlich mit Trinkgeldern belohnt. So haben wir manchmal bis zu 50 Schilling an einem Vormittag verdient, damals viel Geld für uns Buben.

Angenehmes Ministrieren

Außerdem war es stets angenehm, den Samstagvormittag nicht in der Schule verbringen zu müssen: Samstag war der traditionelle Heiratstag. Da ist der Mesner von Absam, gleichzeitig Vizebürgermeister, in die Schule gekommen und hat einfach einzelne Schüler zum Mitkommen aufgefordert, egal, was der Lehrer dazu sagte. Der damalige Pfarrer, ein hochnervöser Mensch, hielt bei den Hochzeiten jedes Mal auf den Buchstaben genau dieselbe Predigt, wenn er einmal stockte, konnten wir ihm das Stichwort liefern. In der damaligen Zeit war die Heirat nicht einmal mit einer Messe verbunden, es war eine Art Trauungsandacht. Nach dem Eheversprechen musste ein Ministrant ein großes, silbernes Tablett halten, auf dem der Reihe nach die Ringe für die Brautpaare aufgelegt waren, damit es zu keinen Verwechslungen kam. Einmal ist es mir leider passiert, dass ich auf dem aufgelegten Teppich ausrutschte und die Ringe in hohem Bogen auf den Boden fielen. Das folgende Bild war ebenso schrecklich wie komisch: Zehn Brautpaare und diverse Trauzeugen krochen in der Kirche herum, um die passenden Ringe wieder zu finden, eine Katastrophe. Der Pfarrer war dem Herzinfarkt nahe und hat mich nachher auch entsprechend geschimpft.

Mit solchen kirchlichen Hilfsdiensten und vielen anderen Aktivitäten bin ich finanziell ganz gut durchgekommen, ohne von zu Hause ein Taschengeld zu bekommen. Zwischen 14 und 18 habe ich jeden Sommer zwei Monate lang gearbeitet. Beim ersten Ferialjob habe ich im Akkord Grenzsteine eingegraben, ein Jahr später einem Ofensetzer geholfen, dann einen Sommer lang in Wattens für Swarovski bei den Glasöfen gearbeitet, dann bei der Firma Felder im Maschinenbau. Dazwischen verdingte ich mich als eine Art freier Unternehmer, band und verkaufte Adventkränze, malte Küchen aus oder half beim Hausbau. So habe ich es mit einem nur bescheidenen Zuschuss Taschengeld geschafft, mit 16 Jahren der erste Besitzer eines Mopeds in der Geschichte des Franziskanergymnasiums zu sein, was den damaligen Direktor, Pater Kasimir, zumindest ein Naserümpfen gekostet hat, vor allem auch, weil es zweisitzig war.

Auch im Gymnasium keine Mädchen

Die mit dem Moped zusammenhängende Versuchung konnte nur von außen kommen: Im Gymnasium gab es keine Mädchen, was ich schon von der Volksschule her gewohnt war. Dort hatten in der ersten Wochenhälfte am Vormittag die Buben Unterricht, am Nachmittag die Mädchen. In der zweiten Wochenhälfte war es umgekehrt. Ebenso wurde es in der Hauptschule gehalten. Ausgestattet mit fünf Brüdern habe ich Mädchen wirklich erst kennen gelernt, als sie mich zu interessieren begannen, also mit etwa 16 Jahren.

Das Franziskanergymnasium von Hall hatte rückblickend gesehen einen großen Nachteil: Es gab zu wenig Unterricht in lebenden Fremdsprachen, sondern nur einen humanistischen Zweig mit Latein ab der ersten und Altgriechisch ab der dritten Klasse. Französisch wurde überhaupt nicht unterrichtet, Englisch nur unzureichend, und das von einem Professor, der sich stolz dazu bekannte, in seinem ganzen Leben in keinem englischsprachigen Land gewesen zu sein. Im Gymnasium unterrichteten damals ausschließlich Patres, daneben gab es noch ein Internat, das Leopoldinum, für alle Schüler, die von auswärts kamen. Zu meiner Zeit gab es noch riesige Klassen, in meiner ersten Klasse waren wir 56 Schüler. Uns hat diese ungeheure Zahl von Schülern nicht gestört, zumal wir wussten, dass wir zumindest in den Nebenfächern für drei Monate Ruhe hatten, wenn wir einmal geprüft waren.

Schläge im Schülerheim

Anders war das Leben für die Internatsschüler im Schülerheim, dem Leopoldinum. Dort ist es fast militärisch zugegangen. Da wurden teilweise auch unakzeptable Erziehungsmethoden angewandt. Ich habe heute noch Freunde, die mit allem, was katholisch ist, gebrochen haben, weil sie die Schläge, die sie im Internat erhielten, nie mehr wegstecken konnten. Wenn jemand mit 14 Jahren nur gehorchen muss und selten Verständnis und Nachsicht findet, verursacht das Brüche für das gesamte Leben. Wahrscheinlich hätte ich bis heute keine Matura, wenn ich damals im Heim hätte schlafen müssen. Gott sei Dank musste ich das nicht, ich ging von Absam nur zwanzig Minuten zu Fuß bis zur Schule, übrigens als einziger von uns Fischler-Brüdern: Die anderen waren in der Grundschule entweder nicht gut genug oder haben sich gegen das Gymnasium gesträubt, sie haben alle die Hauptschule besucht. Einzig Michael, der Zweitgeborene, hat erst viel später als Berufstätiger noch die Matura gemacht.

Meine Großmutter war anfangs mit meinem Gymnasiumbesuch nicht einverstanden, schließlich durchkreuzte dies ihre Pläne, mich zum Bauern zu machen. Sie gab sich dann damit zufrieden, dass das Gymnasium die Laufbahn zum Priester eröffnete, die vor allem meiner Tante gut gefallen hätte.

Anfangs war ich im Gymnasium ein überdurchschnittlicher Schüler – kein Kunststück: Ich hatte schon ein Jahr Hauptschule hinter mir und außer Latein gab es kaum neuen Stoff. So glaubte ich, dass man auch im Gymnasium ohne Lernen locker erfolgreich sein könne, was sich leider bald als Irrtum herausstellte. In der Klasse habe ich mich rasch wohl gefühlt, war auch dort bald ein Alpha-Tier. Das Klima war solidarisch, aber klar hierarchisch. In der sechsten und siebenten Klasse waren wir schon um halb acht Uhr in der Schule, auch die Streber – zu denen ich nie zählte –, denn diese mussten uns ihre Hausaufgaben zum Abschreiben übergeben.

Mit 14 in der Opposition

Ab dem Alter von 14 Jahren befand ich mich auf einem altersadäquaten Oppositionskurs, gegen das Elternhaus, gegen die Lehrer. Ziemlich lang: Ich begann erst zwei Monate vor Schulende zu lernen. Einmal ging es sich dennoch nicht aus: am geplanten Ende der Unterstufe, als ich einige Monate nebenbei auch die Landwirtschaft managen musste, weil mein Großvater krank geworden war. Da war einiges zu tun: Um sechs Uhr in der Früh Kühe melken, dann zur Schule, dann aufs Feld, um sechs Uhr Abend wieder Kühe melken und dann hätte ich noch meine Hausaufgaben erledigen sollen. Die Folge: Ein Fünfer in Griechisch und die Wiederholung der vierten Klasse.

Die meisten Patres waren streng, aber gerecht. Ab der fünften Klasse wurden wir eigentlich schon wie Erwachsene behandelt. Manche Sitten waren lächerlich: Mit Blue Jeans wurde man wieder heim zum Umziehen geschickt, nach Tanzpartys am Wochenende stand der Direktor Montag früh mit entsprechend strenger Miene beim Eingang. Aber ein neuer, liberalerer Oppositionsgeist hing dennoch in der Luft, auch wenn ich das Jahr 1968 nicht mehr in der Schule erlebt habe: Ich maturierte 1966, ohne nennenswerte Probleme, aber auch ohne jeden Vorzug.

Davor hatte es noch eine riesige disziplinäre Aufregung gegeben: Über unsere gesamte achte Klasse, inzwischen von 56 auf 22 Schüler ausgesiebt, war wegen schlechten Benehmens ein Klassenkarzer verhängt worden. Ich bekam noch eine Solopackung dazu: Ich hatte halblaut die Kurzbezeichnung der Franziskaner, OFM – Ordo Fratrum Minorum –, als »Orden der minderwertigen Brüder« übersetzt. Damit hatte ich das erlaubte Maximum von zwei Karzerstrafen erreicht, eine dritte hätte den Hinauswurf bedeutet.

Ab 16 wurde ich auch im Elternhaus endgültig flügge. Meine Mutter hat zwar immer geschimpft, wenn ich später als vereinbart heimgekommen bin, aber das war einen Tag später vorbei. Schwieriger war das mit meiner Großmutter: Ich schlief ja bis zur Matura im Zimmer meiner Großmutter, die mir jedes Mal Vorwürfe machte, wenn ich sie unabsichtlich in der Nacht weckte. Mit dem Moped ging es immer häufiger nach Innsbruck, in diverse Tanzlokale. Das einschlägige Defizit holte ich rasch auf: Ich bin bei Mädchen gut angekommen und war lange stolz darauf, am Tag meines ersten Kusses gleich zwei Mädchen geküsst zu haben. Andere Premieren hatte ich da bereits hinter mir: Den ersten Bierrausch und die erste Zigarette.

Im MKV, bei der »Sternkorona«

Viele Haller »Stucker« – so wurden die Mittelschüler in Hall genannt – traten damals in eine der beiden Studentenverbindungen ein. Eine davon war die Sternkorona, deren Mitglied ich wurde. Sie ist die zweitälteste MKV-(Mittelschüler-Kartell-Verband-)Verbindung Österreichs, gegründet 1888. In der Sternkorona war ich bald Fuchsmajor und dann Senior, organisierte Biertreffen, Vorträge, Ausflüge nach Südtirol, hie und da auch Kränzchen. Dafür wurden die Mädchen mit einem VW-Bus nach Hall gebracht, die Partys dauerten von vier bis um acht Uhr, dann fuhren die Damen wieder nach Innsbruck zurück.

Bisweilen gab es trotz der Anwesenheit von Professoren und Patres, von denen manche auch Verbindungsmitglieder waren, offene Auseinandersetzungen, etwa über den Kurs des extrem konservativen Innsbrucker Bischofs Paulus Rusch. Freilich: Auch wenn wir uns gegen manche Lehrmeinungen auflehnten oder Religionslehrer mit dem Hinterfragen ihrer Gottesbeweise zur Verzweiflung brachten, blieb die Religion an sich für mich eine unerschütterliche Instanz.

Matura

Bei der Matura haben uns unsere Professoren noch einmal unsere Grenzen aufgezeigt. Im ersten Anlauf ist nur die Hälfte der Schüler durchgekommen, elf sind durchgeflogen.

Die Maturareise fiel spartanisch aus: Eineinhalb Tage nach Meran und Bozen. Immerhin: Es war das dritte Mal, dass ich über die Grenzen des Bundeslandes Tirol hinauskam, die Premiere hatte mich zu einem Treffen meiner Studentenverbindung nach Graz geführt. Und mit der Maturaklasse war ich mit 18 Jahren erstmals nach Wien gefahren: Wir wohnten in Erdberg, in einer Jugendherberge in einem Kirchturm. Ein beeindruckender Aufenthalt, nicht nur wegen des Besuches der Staatsoper, des Burg- und des Raimundtheaters.

Bis dahin war Innsbruck für mich die Zentrale des freien Lebens gewesen, der Ort, an dem wirklich etwas los war. Dort gab es eine Menge Lokale, in denen Bands auftraten, wo man tanzen konnte. Dort gab es auch jede Menge Kinos – in Hall nur zwei, inzwischen keines mehr. Wenn es auch Einschränkungen gab: Es galten strikte Jugendschutzbestimmungen und manchmal ging nach zwei Minuten das Licht wieder an, weil Gendarmen die Einhaltung des Alterslimits kontrollierten. Wenn man da noch keine 18 Jahre war, musste man 20 Schilling Strafe zahlen oder flog »nur« hinaus.

Höchstens ein halber Revoluzzer

Insgesamt war ich aber kein Revolutionär, höchstens ein halber Revoluzzer. Ich habe mich – unabhängig vom konservativen Klima daheim – in der Schule und im »heiligen Land Tirol« sehr selbstständig entwickelt, wohl auch, weil ich sehr früh gearbeitet habe und gewohnt war, zu kommen und zu gehen, wie es mir passte. In meiner Schulzeit standen die »Beatles« und die »Rolling Stones« erst am Beginn ihrer Karriere, meine Helden hießen Elvis und Fats Domino, ich tanzte Twist und Rock 'n' Roll. Mit der Popularität der »Beatles« wuchsen auch meine Haare, zwar nicht schulterlang, aber lang genug, dass meine Mutter den Kopf schüttelte. »Er muss sich halt ausspinnen«, hat sie lapidar gemeint.

Auch meine Brüder übten sich in solch harmlosen Gesten der Auflehnung, altersmäßig differenziert in uns drei »Große« und die drei »Kleinen«. Eine andere Differenzierung spielte keine Rolle: Dass ich als Einziger maturiert habe, darum hat mich keiner beneidet. Sie gaben sich da eher zufrieden: »Gott sei Dank müssen wir nicht so lange in die Schule gehen.« Aber die Eltern und Großeltern waren schon sehr stolz auf meinen Schulabschluss. Schließlich hatte sich die Warnung meiner Mutter nicht bewahrheitet: »Wenn du diese Schule nicht fertig machst, wirst als Straßenkehrer enden.«

2

Von der Matura zum Hochschulassistenten
1966–1979

Am 1. Oktober 1966 begann mein Wehrdienst im Bundesheer, zuerst in der heimischen Kaserne von Absam, dann in Kufstein. Eigentlich hat mich der Militärdienst von Beginn an nie interessiert, ich war alles andere als ein guter Soldat. Immerhin hat der Militärdienst meiner körperlichen Verfassung gut getan, ich war damals topfit.

Nach den ersten acht Wochen allgemeiner Grundausbildung bin ich dann der mittleren Granatwerfergruppe zugeteilt worden, der Taschenartillerie der Jägerkompanien. Eine unangenehme Aufgabe. Man musste die gleiche Ausrüstung wie die Jäger mit sich schleppen, aber zusätzlich noch einen Teil des Granatwerfers, deren schwerster 21 Kilogramm wog. Das konnte ganz schön hart werden, wenn wir mit all diesem Gepäck einen fünfstündigen Marsch durchhalten mussten.

Heer: Mehr psychisch als physisch belastend

Aber solche physischen Belastungen haben mich weniger gestört als manche Herren des Kaders. Das waren zum Teil sadistische, zumindest zynische Leute, die ihre Untergebenen wie den letzten Dreck behandelten, nur schrien und schimpften. Wenn man sich wehrte, waren sie dann eher kleinlaut. Ein Schulfreund aus meiner Kompanie hat einmal einem Quälgeist zurückgeschrien: »Der Unterschied zwischen uns beiden ist, dass ich noch wer bin, wenn ich die Uniform ausziehe, du aber nicht.«

Nach der Grundausbildung bin ich zum Jägerbataillon 21 nach

Kufstein versetzt worden. Dort war das Personal viel angenehmer. Dazu kam noch eine nützliche Aufgabe: 1965/1966 gab es in Osttirol schwere Hochwasserkatastrophen und wir wurden zu den Aufräumungsarbeiten eingesetzt. Das hat für uns Sinn gemacht, ich habe zwar deswegen auch noch keine militärischen Ambitionen entwickelt, aber immerhin wollte ich Gefreiter werden. Schließlich erhielt man dafür einen höheren Sold – drei Schilling pro Tag mehr – und vor allem eine Stunde länger Ausgang. Letztlich habe ich die Militärzeit unbeschadet überstanden, ich bin nicht gebrochen worden, wie das einem meiner Bergfreunde passiert ist: Der sprang nach sechs Monaten Heeresdienst in Wien aus dem Fenster.

Studium: Entscheidung für die BOKU

Erst danach habe ich mich für ein konkretes Studium entschlossen. Dass ich studieren wollte, war mir schon vor der Matura klar geworden, aber noch nicht was und wo. Einerseits haben mich Naturwissenschaften interessiert, andererseits auch der Anwaltsberuf. Aber von allem, was ich hörte, kam mir am Ende das Jusstudium zu trocken vor und für ein Wirtschaftsstudium fehlten mir ausreichende Fremdsprachenkenntnisse.

Befreundete Agrarier rieten mir schließlich zu einem Studium in München: »Das ist näher und lustiger als Wien«, sagten sie. Nur stellte sich bald heraus, dass man zu dieser Zeit für ein Auslandsstudium kein Stipendium bekommen würde. Es blieb also nur eine Wahl: ein Landwirtschaftsstudium an der Hochschule für Bodenkultur, der BOKU, in Wien.

Meine Eltern sagten immer: »Wenn du studieren willst, dann studiere!« Ebenso klar war aber, dass sie mich dabei finanziell kaum unterstützen konnten. Ich brauchte während des gesamten Studiums von zu Hause auch kein Geld, weil ich das Höchststipendium von 1300 Schilling monatlich erhielt. Das hat mir leicht gereicht, ich konnte sogar etwas Geld zurücklegen. Gewohnt habe ich im Studentenheim der BOKU in der Peter-Jordan-Straße 65, anfangs in einem Dreibettzimmer um 250 Schilling monatlich und später in einem katholischen Studentenheim.

Es hätte eine logische Alternative gegeben, das Tiroler Studentenheim. Aber das habe ich abgelehnt. Ich wollte nicht immer nur die Kollegen treffen, die ich ohnehin von daheim kannte. Ich wollte ein neues Leben führen, in einer neuen Umgebung, mit neuen Kontakten. Aber doch auch mit einigen alten Freunden: Mein Banknachbar aus dem Gymnasium zum Beispiel, er studierte an der Technischen Hochschule Bauingenieur; als wir das erste Mal nach Wien fuhren, standen unsere Mütter nebeneinander am Bahnsteig, beide mit Tränen in den Augen. Wir dagegen gaben uns ziemlich gelassen – »cool« würde man heute sagen.

Von Wien positiv überrascht

Wien hat mich von Anfang an positiv überrascht. Bald habe ich daheim erzählt, dass das Verhältnis zwischen der Hauptstadt und unserem Bundesland besser wäre, würden die Tiroler die Wiener nur halb so schätzen wie umgekehrt. Die gängigen Tiroler Vorurteile habe ich schon früh in der Schule konkret erlebt. Schon in der ersten Klasse ist ein gebürtiger Wiener von unserem Latein-Professor ständig »karniefelt« worden: Langsam sei er, faul, schlampig, ein Schleicher, Trittbrettfahrer, ein echter Wiener halt. Bei einem Ausflug ist die ungleiche Auseinandersetzung dann eskaliert: Als der Lateinlehrer unserem Wiener beim Fußballspiel »Beine machen wollte«, kam aus der nahe liegenden Gaststätte eine Wienerin, die ankündigte, sich beim Ministerium über den Professor beschweren zu wollen. Das hat dessen Vorurteile – aber auch unsere – nicht gerade verringert.

Das Studium an der BOKU, wie wir unsere Uni nannten, hat mich von allem Anfang an interessiert, gerade die Grundlagenfächer Chemie, Botanik, Geologie und Mathematik. Nach einem Jahr habe ich freilich den Besuch von Vorlesungen als überflüssige Zeitverschwendung empfunden und mir lieber von Kollegen, vor allem von Kolleginnen, Mitschriften organisiert. Im Gegenzug erklärte ich ihnen Sachverhalte, bei denen sie sich schwer taten. Ich tat mir schon immer relativ leicht beim Erkennen von Zusammenhängen und habe statt in die Vorlesung zu gehen viel Zeit mit Lesen verbracht. Außerdem half das Zuhören bei Prüfungen: Das Fragenreservoir der Professoren war endlich, und wenn man diese beantworten konnte, war ein Durchfallen bei der Prüfung fast unmöglich. Ich habe mir eigentlich während der gesamten Studienzeit nicht allzu schwer getan, fast alles lief ab wie auf Schienen.

Bei der Katholischen Hochschulgemeinde (KHG)

Daneben haben mich immer mehr soziale Kontakte interessiert, etwa mit Freunden über die Dinge des Lebens zu diskutieren. Ein älterer Kommilitone hat mich dann zur Katholischen Hochschuljugend (KHJÖ) gebracht, die für die BOKU ebenfalls in der Peter-Jordan-Straße beheimatet war, in einem architektonisch besonders interessanten Gebäude von Ottokar Uhl. Bald bin ich in diese Organisation hineingewachsen und habe die Diskussionen und Arbeitskreise, die dort angeboten wurden, sehr geschätzt.

Ende 1968, ein gutes Jahr nach meinem Studienbeginn, wurde ich schon als Vertreter der BOKU zu einem gesamtösterreichischen Treffen der Katholischen Hochschuljugend nach Graz geschickt. Damals gab es einen heftigen Konflikt innerhalb der KHJÖ über den richtigen Weg in die Zukunft. Das Konzept von Basisgemeinden stand dem traditionellen Verständnis innerhalb der Katholischen Aktion gegenüber. Prälat Strobl, der legendäre Leiter der Katholischen Hochschulgemeinde (KHG), war besorgt wegen des aufmüpfigen Kurses in der Wiener Ebendorferstraße, der Wiener Zentrale von KHG und KHJÖ. Dort wurde im Geiste von 1968 ein bisschen revoluzzerisch der Marsch durch die Institutionen gepredigt. Es gingen kritische Journalisten wie Günther Nenning oder Trautl Brandstaller ein und aus, auch besonnenere Geister wie der Historiker Friedrich Heer oder Monsignore Otto Mauer, Gründer der »Galerie nächst St. Stephan«, waren gern gesehene Gäste. Die Vollversammlung in Graz war faszinierend, obwohl einige Vertreter aus Wien dem Prälat Strobl, dessen Sorgenfalten immer tiefer wurden, dauernd aus dem Strafgesetzbuch vorgelesen und ein echtes Theater inszeniert haben. Mein Sitznachbar war mit dem Verlauf der Sitzung sehr unzufrieden und hat die Wiener Organisation massiv kritisiert. Nachher hat er sich vorgestellt: Gerfried Sperl, heute Chefredakteur beim »Standard«.

Der einjährige Franz Fischler

Mit 3 Jahren bei einem Familienausflug, mit 7 Jahren beim Palmtragen, mit 12 Jahren beim traditionellen Sternsingen und bei einem Schulausflug in die Berge

Die Matura im Jahr 1966

Beim Bundesheer 1967

Die Silberhochzeit der Eltern 1969 (von links nach rechts stehend: Christoph, Michael, Florian und Franz Fischler bzw. sitzend: Rudolf, die Mutter, der Vater und Peter; auf Praxis in Schweden

Die »Raiffeisen-Zeitung« wird sogar im Toten Meer gelesen (1998)

Der Abschluss der EU-Beitrittsverhandlungen 1994 in Brüssel

Europa im Griff: Franz Fischler 2001

Franz Fischler heute: Berater, Vortragender und Vorsitzender des Ökosozialen Forums Europa

Mein erster politischer Auftritt

1971 eskalierte die Auseinandersetzung über die Frage, wie politisch KHJÖ und KHG zu agieren hätten, bei einer Veranstaltung anlässlich ihres 25. Geburtstages. Zum Jubiläum wurde eine große Diskussion geplant mit zwei Gründungsmitgliedern, Kurt Schubert (später Professor für Judaistik an der Universität Wien, die er unmittelbar nach Kriegsende buchstäblich wieder aufgesperrt hatte) und Hans Tuppy (später unter anderem Wissenschaftsminister, von Prälat Strobl ständig als einer von jenen Tapferen zitiert, die den während der Kriegshandlungen in Flammen stehenden Stephansdom zu löschen versucht haben), dazu noch mit Friedrich Heer und dem Atomphysiker Gernot Eder. Angemeldet hatten sich mehrere hundert Zuhörer, wesentlich mehr jedenfalls, als in einem einzelnen Saal der Ebendorferstraße Platz gehabt hätten. Daraufhin wurde die Idee geboren, die Leute über das gesamte Haus zu verteilen und die Diskussion in Form von im ganzen Haus übertragenen Interviews zu führen. Bloß: Die Lautsprecheranlage für die Übertragung funktionierte nicht, man musste doch wieder in den zentralen Saal. Und plötzlich fand ich mich auf dem Podium wieder, als Diskussionsleiter. Ich begann diesen Auftritt mit der These, die Hochschuljugend sei zu unpolitisch, müsse sich mehr engagieren, mehr einmischen in Kirche, Politik, Gesellschaft. Das schlug wie eine Bombe ein, danach war Prälat Strobl, obwohl als geistiger Vater der KHG gerade zurückgetreten, entsprechend sauer auf mich. Einer freilich hat mir später zugeraunt: »Du hättest alles noch schärfer formulieren sollen.« Erhard Busek. Worauf Strobl, dem das hinterbracht wurde, endgültig grantelte: »Ja der Busek, der ist auch nicht gescheiter.« Und der Vater meiner damaligen Freundin – heute ist sie meine Frau –, in deren Elternhaus ich für den nächsten Tag zum ersten Mal eingeladen war, hat ihr nur lapidar mitgeteilt: »Du darfst ihn dennoch zum Essen mitbringen.«

Die Lust am Diskutieren

Meine Lust am Diskutieren wurde immer stärker. Im Studentenheim sind wir oft bis drei oder vier Uhr in der Nacht beisammen gesessen. Unsere Debatten drehten sich neben den Fragen über die Landwirtschaft und die ländlichen Räume unter anderem um Wissenschaftspolitik, wofür welches Geld eingesetzt werden sollte und wofür nicht. Einmal haben wir beispielsweise den damaligen Finanzminister Stephan Koren eingeladen, dem wir vorgehalten haben, dass die ÖVP es nicht schaffe, wie der BSA, der Bund Sozialistischer Akademiker, Stipendien für das IHS, das Institut für Höhere Studien, zu vergeben. Die ÖVP vernachlässige also die intellektuellen Schichten. Oder es ging generell um die Modernisierung der Gesellschaft. Viele von uns lasen das damals recht einflussreiche »Forum«, wussten daraus, was die Studenten in Paris, Berlin und Berkeley wollten. Das dritte große Thema war die postkonziliäre Entwicklung in der katholischen Kirche und die Gemeindetheologie.

Trotz aller Sympathien für manche Umwälzungen in Europa und Amerika habe ich die ÖVP doch nach wie vor als meine Partei betrachtet. Für meine Eltern und Großeltern kam es ohnehin nie in Betracht, jemals etwas anderes zu wählen als die Volkspartei, zu ihrer Alleinregierung unter Josef Klaus zwischen 1966 und 1970 standen wir katholischen Studenten aber in kritischer Distanz, ohne deshalb der Opposition anzuhängen. Noch distanzierter standen wir aber manchen kirchlichen Autoritäten gegenüber. Wir luden einmal den für das gesamte Weinviertel zuständigen Generalvikar Prälat Franz Stummvoll ein, der schon beim Reingehen ankündigte, er werde den »Studenteln« schon beibringen, was katholisch wirklich bedeute. Wir haben ihm an diesem Abend ein echtes Aha-Erlebnis verschafft und er hat am Ende tief betroffen den Saal verlassen.

Geschmuggelte Literatur

In diesen Jahren war ich auch erstmals in Berlin und habe erstmals große Demonstrationen erlebt. Mir war das zu destruktiv, von allen Seiten: Die Steine werfenden Studenten auf der einen Seite, die Polizeipanzer und Wasserwerfer sowie die schwer bewaffneten Sicherheitskräfte auf der anderen Seite. Erstmals kam ich auch in die DDR, zu Kontakten mit der katholischen Ostberliner Studentengemeinde. Der dortige Hochschulseelsorger hat mir auch praktisch vorgeführt, wie es in der Telefonleitung knackte, wenn von der Staatspolizei die Telefonüberwachung eingeschaltet wurde. Solche Reisen waren sehr beliebt in der Katholischen Hochschuljugend und wurden vom westdeutschen Ministerium für Wiedervereinigung hoch subventioniert: Eine Woche in einem Bildungshaus am Nikolassee, dazu genug Möglichkeiten, nach Ost-Berlin zu gelangen. Und damit Einblick zu gewinnen in den damals noch lupenrein existierenden Ostblock.

Für die Studentengemeinden haben wir in Einklang mit den systematischen Bemühungen Buseks und anderer regelmäßig Literatur geschmuggelt, moderne theologische sowie »dissidente« Literatur à la Solschenizyn, ein ebenso sinnvolles wie spannendes Unternehmen. Das bunte interne und internationale Leben hat mir die KHJÖ stets ein beträchtliches Stück sympathischer erscheinen lassen als den CV (Cartellverband), eigentlich die logischere Andockstation für ein MKV-Mitglied wie mich. Ich war auch einmal bei einer Wiener CV-Verbindung eingeladen, das hatte damals aber eher zur Folge, dass ich das Interesse am CV verlor. Vor allem hat mich das Beziehungsgeflecht abgestoßen, das viele CVler gewissermaßen vor sich hertrugen. Ich habe es nie geschätzt, dass jemand nur durch Beziehungen etwas wird. In der Katholischen Hochschuljugend wurde hingegen das Leistungsprinzip hoch gehalten. Das galt speziell auch für einen ihrer einstigen Chefs, der immer als intellektuelles Aushängeschild gepflegt wurde: Der faszinierende Erhard Busek, der gerade dabei war, vom Parlament, er war Parlamentssekretär gewesen, in den Wirtschaftsbund zu wechseln. Auch sein Nachfolger im Klub (später auch im Wirtschaftsbund) kam aus unserer Organisation: Wolfgang Schüssel.

An der Hochschulpolitik im engeren Sinn waren wir weniger interessiert, die haben wir zumindest an der BOKU mit leicht arrogantem Gehabe dem CV überlassen, das war unter unserer vermeintlichen intellektuellen Würde. Von der Peter-Jordan-Straße aus haben wir aber der agrarpolitischen Diskussion an der BOKU durch die Studienwoche im St. Pöltner Hippolythaus mehr Attraktivität eingehaucht. Indem wir internationale Teilnehmer und Referenten einluden und indem wir – ganz simpel – den Titel der Veranstaltung zeitgeistig aufputzten: Künftig hieß sie APO, Agrarpolitische Studienwoche. In diesem Zusammenhang lernte ich auch jenen Grazer KHJÖler kennen, der mich als Vizekanzler später in die Regierung geholt hat: Josef Riegler.

Österreichischer Vorsitzender der KHJÖ

1970 wurde ich für ein Jahr zum österreichischen Vorsitzenden der Katholischen Hochschuljugend gewählt und übersiedelte einige Häuser weiter ins katholische Studentenheim auf der Peter-Jordan-Straße 29. Dass ich für das dortige Einzelzimmer nichts zu zahlen hatte, war mein einziger Lohn. In diesem Jahr kam ich nicht zum Studieren, sondern reiste kreuz und quer durch Österreich, um den notwendigen Kontakt mit den einzelnen Studentengemeinden zu halten. Meine Wahl fand in Linz statt, im Beisein mehrerer Bischöfe, darunter war auch der altehrwürdige Bischof Franz Zauner.

Als der Oberhirt im Zuge einer Debatte über die Auswirkungen des Konzils gefragt wurde, ob sich die Diözese Linz, um ein Zeichen des Aufbruchs zu setzen, von einigen Ländereien trennen könnte und die Erträge der Entwicklungshilfe spenden würde, hat er das sehr persönlich genommen und geglaubt, wir würden ihm einen aufwändigen persönlichen Lebensstil vorwerfen. Zwei Tage später ließ er mir einen Brief zukommen, in dem er alle privaten Aufwendungen penibel auflistete, jene fürs Essen ebenso wie jene für sein privates Motorrad, auf das er so stolz war. Man konnte daher meinen Start als katholischer Funktionär nicht gerade als gelungen bezeichnen.

In meine Funktionszeit als Vorsitzender der KHJÖ fiel auch der nächste Konflikt mit »meinem« Bischof Rusch. Der ließ dem Studentenseelsorger, dem Jesuiten Pater Kettner, die Schlösser im neuen Studentenheim eine Woche vor dem Einzug der Studenten austauschen, weil er mit der Studentengemeinde in Konflikt geraten war. Mehr noch: Rusch setzte dann auch die Versetzung Kettners nach Wien durch. Ich bin zwar sofort nach Innsbruck gefahren, aber alle meine Vermittlungsversuche stießen auf taube Ohren. Erfolgreicher war ich beim Ausbau der internationalen Kontakte, insbesondere mit Kontakten zu Gemeinden hinter dem Eisernen Vorhang.

Die erste Begegnung mit Bruno Kreisky

Natürlich war ich auch dabei, als Bruno Kreisky kurze Zeit nach seiner Wahl die Vorsitzenden aller großen Jugendorganisationen für einen ganzen Tag zu sich eingeladen hat, dazu ließ er noch die gesamte

Bundesregierung antreten. Wir konnten alles vortragen, was uns am Herzen lag, am Ende gab es natürlich keine konkreten Beschlüsse, aber er hat gebrummelt: »Wir haben da manche Auffassungsunterschiede, aber insgesamt bin ich der Meinung, die Sache war den Tag wert.« Wohl jeder von uns hat sich um drei Stufen erhöht gefühlt, wenn seinetwegen die gesamte Regierung einen Tag lang zuhören muss, was sich junge Leute so denken. Für beide Seiten war die Inszenierung geglückt.

Für mich hat sich ein erster Eindruck vom neuen Bundeskanzler bestätigt: Kreisky stand ein bisschen über der SPÖ. Ich habe ihm seine Rolle als Reformkanzler abgenommen, und zwar schon vor seinem Amtsantritt: Wir fanden es zumindest geschickt, wie er von den berühmten tausend Experten noch in der Oppositionszeit Regierungsprogramme entwerfen ließ. Auch später fand ich ihn lange Zeit faszinierend, obwohl ich immer die ÖVP gewählt habe. Besonders, wie er im Fernsehen genial seine Gegner austrickste, am bekanntesten wohl Josef Taus 1975. Danach machte ein politischer Witz über die beiden Kontrahenten die Runde, der die Unterschiede zwischen den beiden auf den Punkt brachte: Taus und Kreisky werden ins Waldviertel zum Wettfischen eingeladen. Tausende Menschen stehen um einen Teich, beide bekommen eine Angel. Taus, der Manager, nimmt sie, montiert den Köder, wirft ihn fachmännisch ins Wasser. Kreisky verheddert sich schon mit dem Angelhaken, irgendwie gelingt es ihm doch, den Wurm im Teich zu platzieren. Bald darauf beißt bei Taus ein Fisch an, er tötet ihn, wirft die Angel ein zweites Mal aus. Auf einmal beginnen die Zuschauer, anfangs leise, dann immer lauter, zu murmeln: Mörder, Mörder. Dann beißt auch bei Kreisky ein Fisch an. Er zieht ihn mühsam an Land, legt ihn sich auf den Schoß und streichelt ihn mit den Worten: »Mein Gott, so ein nettes Fischerl.« Alle Zuseher klatschen laut: »Bravo, bravo!« Und Kreisky raunt Taus leise zu: »Siehst du, hin wird er auch so.«

In Wien hatte ich stets genug zu tun: Ich ging selten vor zwei, drei Uhr früh ins Bett, vor zehn Uhr vormittags gab es daher keine Tagwache. Dann beim Frühstück Zeitungslektüre, Studien- oder Gemeindeaktivitäten, abends Diskussionen, Wirtshaus, Kino, ein Jazzklub oder Heuriger. Damals begann ich mich auch für bildende Kunst zu interessieren: Ich bin oft zu Auktionen ins Dorotheum gegangen, auch wenn ich mir kein Objekt leisten konnte. In der Galerie von

Otto Mauer hat mich einmal eine Ausstellung von Oswald Oberhuber besonders beeindruckt, der Sekretär und Ausstellungsverwalter Mauers war und der bisweilen selbst ausgestellt hat.

Ich bin schon im Gymnasium in eine Tanzschule gegangen, deren Unterricht freilich in einem Turnsaal stattfand: Da wir den Turnsaal nur mit Turnschuhen betreten durften, habe ich das Tanzen eben in solchen gelernt. Die Tanzlehrerin kam extra aus Innsbruck angereist, wir saßen auf den Turnbänken an der rechten und linken Saalwand, fein säuberlich in Männlein und Weiblein getrennt. Tanztiger war ich wahrlich keiner, aber zu den Bällen in Wien bin ich gerne gegangen, am liebsten natürlich zum BOKU-Ball.

Die Reise nach Persien

Heim nach Tirol bin ich nur wenige Male im Jahr gefahren, zu Weihnachten und Ostern und in den Ferien. Und zwar mit dem Zug, weil ich mir in der Studienzeit ein Auto nicht leisten konnte. Allerdings habe ich mit Freunden gerne große Reisen unternommen, einmal zu dritt sogar nach Persien. Eine Gewalttour, die mich insgesamt nur 4500 Schilling gekostet hat: 15 000 Kilometer in fünf Wochen, quer durch Jugoslawien und die Türkei, zur Kaspischen See und über das persische Elburs-Gebirge bis nach Teheran. Dann weiter nach Isfahan, zu den letzten Zarathustra-Anhängern nach Yast, zurück nach Shiraz und Persepolis, zur alten Perserhauptstadt, schließlich zurück über den Schatt el-Arab in den Irak, nach Basra, dann weiter den Euphrat aufwärts nach Bagdad, nach Mosul und über die Kurdengebiete in die Türkei. Verrückt: Wir sind mitten im Sommer gefahren, in der südpersischen Wüste hatte es über 50 °C. Das Auto konnte nicht mehr kühlen, wir mussten alle 30 Kilometer zwei Stunden warten, bis die Motortemperatur eine weitere Fahrt zuließ. Mit dabei war Pater Joop Roeland, bis heute der bekannte holländische Pfarrer in der Wiener Ruprechtskirche, und Franz Haslinger, Studentenpfarrer in der Peter-Jordan-Straße.

Offenbar hatte ich ein beträchtliches Nachholbedürfnis nach der Fremde und Ferne: Ich bin zwar damals noch nie in Rom, London oder Paris gewesen, aber ein Jahr später haben wir eine große Nordlandtour unternommen, bis zum Polarkreis, Eismeer und Nordkap.

Erster Kontakt mit meiner Frau

Als wir unsere Ostkontakte ausbauen wollten, hörte ich durch einen Hochschuljugend-Kollegen von einer in St. Pölten wohnenden Slawistik-Studentin, Adelheid Hausmann. Ich habe sie als neue Ostreferentin engagiert. Etliche Jahre später haben wir geheiratet. 1973, am 22. September, einen Tag vor meinem Geburtstag, damit ich mir den Hochzeitstag merke. Später hat sie mir einmal gestanden, dass sie sich fix vorgenommen hatte, nie jemanden zu heiraten, der Franz hieß und Landwirtschaft studierte. Ihr Vater hieß nämlich auch Franz und hatte ebenso Landwirtschaft studiert.

Von Berufs wegen war er Lagerhausverwalter in Niederösterreich; dort war es üblich, alle paar Jahre in ein anderes Lagerhaus versetzt zu werden und dabei aufzusteigen. Daher wurde meine Frau in Wien geboren, sie ging in Perchtoldsdorf in den Kindergarten, in Zissersdorf bei Geras in die Volksschule, in Gmünd ins Gymnasium und kam schließlich zum Studium nach Wien.

Studium in Durchschnittsdauer

Trotz meiner Engagements in der Katholischen Hochschuljugend war es stets mein Ziel geblieben, mein Studium in der Durchschnittsdauer von sechs Jahren abzuschließen. Das habe ich sogar kurz zuvor geschafft, außerdem zum normalen Stipendium auch noch ein Begabtenstipendium erhalten, wofür man damals einen Notendurchschnitt von 1,5 benötigte. Für mich kein besonderes Problem: Ich habe das Studium während der gesamten Zeit als leicht empfunden. Bisweilen als zu leicht: Ich war der Meinung, das Studium müsse strenger werden. Es hat mich beispielsweise aufgeregt, dass manche Kollegen selbst knapp vor Studienende noch immer nicht wussten, wo die Universitäts-Bibliothek war. Von daheim gab es keinen Druck zum Abschluss, schließlich habe ich – neben den Stipendien – mir alles selbst gezahlt.

Und schließlich habe ich doch das wissenschaftliche Arbeiten gelernt, vor allem auch – für mich besonders wichtig – das richtige Benutzen von Bibliotheken.

Ab 1973 konnte ich mich also Diplomingenieur nennen. Mir war sofort klar, dass ich mir gleich einen Job suchen musste, mit den Stipendien war es nun vorbei. Andererseits fand ich es interessant, auch noch das Doktorat zu machen, was nur zehn Prozent der BOKU-Studenten tun. Bald hatte sich eine ideale Kombination gefunden: Ich wurde mit Professor Fritz Schmittner handelseins, er stellte mich als seinen Assistenten an. Ich hatte also ein Gehalt und konnte doch weiterstudieren, aber auch eine Familie gründen.

Schmittner leitete eine Abteilung für ländliche Regionalplanung, eine Sache mit Zukunft: Ende der Sechziger-, Anfang der Siebzigerjahre wurde von den österreichischen Bundesländern die Regionalpolitik entdeckt, erste Programme entwickelt, mein Chef hat solche für das Burgenland und für das Mühlviertel erstellt. Wir hatten auch einen weiteren Dissertanten, nämlich Erwin Pröll, der eine Regionalanalyse seines Heimatbezirkes verfasste. Ich hatte dann als Assistent die Ehre, seine Dissertation einer Vorbegutachtung zu unterziehen.

Ehe und vier Kinder

Mit Abschluss des Studiums 1973 stand der Ehe und damit auch dem Zusammenleben nichts mehr im Wege. Wir haben uns im 16. Bezirk, in Ottakring, in der Haberlgasse eine Eigentumswohnung gekauft. Mit Mitteln aus der Wohnbauförderung und aus den Verkaufserlöse eines kleinen Grundstücks in Absam. Meine Frau hat ihr Studium abgebrochen und an einer Hauptschule unterrichtet, bis unsere beiden ersten Kinder in Wien geboren wurden: Bernadette, demnächst 31, mit einem Job in England, und der zwei Jahre jüngere Sohn Klaus, der gerade in Innsbruck an der medizinischen Fakultät dissertiert und im Team von Professor Margreiter das Transplantieren von Mäuseherzen übt.

Die Geburtsvorbereitungen verliefen damals auch in Wien ganz anders als heute: Gemeinsame Kurse für Mütter und Väter gab es nicht, maximal Schwangerschaftsturnen. Auch an die Anwesenheit des Vaters bei der Geburt war man noch nicht gewohnt. Ich habe mehrere Spitäler vom AKH abwärts angerufen und uns zur Geburt anmelden wollen. Alles ging jeweils gut, bis ich meine letzte Frage »anbrachte«: Ob es möglich sei, dass ich bei der Geburt dabei bin. Die Antwort fiel überall gleich aus, nämlich negativ. Schließlich habe ich doch noch einen Gynäkologen kennen gelernt, der sich gerade als Oberarzt am AKH habilitierte. Ihm schien die Anwesenheit von Vätern sinnvoll zu sein. Alles ging gut, selbst die ironischen Bemerkungen der Hebammen, ob ich wohl nicht umkippen werde, störten nicht. Auch die zweite Geburt verlief unter der Assistenz desselben Arztes komplikationsfrei.

Uns war klar, dass wir noch mehr Kinder wollten, alle vier waren geplant. Die anderen beiden sind dann aber in Tirol zur Welt gekommen. Zuerst unsere zweite Tochter, Ursula, die als Kind eine begeisterte Reiterin war. Sie wollte daher ein eigenes Pferd haben, und als ich mich weigerte, ihr eins zu kaufen, mit dem Argument »Um dir das leisten zu können, musst du schon Bankdirektorin sein«, stellte sie lapidar fest: »Dann werde ich eben Bankdirektorin.« Sie hat dann auch an der Handelsakademie maturiert, an der Fachhochschule Kufstein Finanzmanagement studiert und sie dissertiert jetzt an der Innsbrucker Universität in Ökonomie. Der jüngste Sohn Georg, das einzige Kind, das noch daheim wohnt, ist am 1. Mai 1989 geboren – auch ein Datum, das ich mir ausnahmsweise merke –, er studiert an der HTL in Innsbruck Maschinenbau.

Sechs Jahre Assistent an der BOKU

Ich war fast sechs Jahre Assistent an der BOKU, von Ende 1973 bis 1979. Zwei Jahre lang musste ich mich einarbeiten, dann habe ich drei Jahre an der Dissertation gearbeitet. Mit dem Lehrbetrieb hatte ich wenig zu tun, viel dagegen mit der Betreuung der neu eingeführten Diplomarbeiten und der Doktorarbeiten wie jener von Pröll. Dazu gab es immer wieder Forschungsaufträge vom Landwirtschaftsministerium, auch meine aufwändige Doktorarbeit über die Möglichkeiten zur Erfassung der Dynamik der Bewirtschaftungsentwicklung und der Flächennutzungsdynamik war ein solcher, sonst wäre sie für mich gar nicht möglich gewesen: Allein die Ausgaben für die technischen Hilfsmittel haben 100 000 Schilling gekostet. Im Zuge meiner Arbeit bin ich auch in Kontakt mit der Technischen Hochschule in Wien gekommen. Die Techniker haben mir dann klar gemacht, dass meine heute durch das GPS-System längst verwirklichte Idee mit den damaligen Methoden nicht realisierbar war. Ich hatte mir vorgestellt, aus Luftaufnahmen zu erfassen und auszurechnen, was wo angebaut wird. Weiters wollte ich diese Information mit Bodengütekarten, dem Geländeprofil und dem Grundkataster kombinieren. Daraus sollte ein umfassendes Flächeninformationssystem entstehen, ziemlich genau das, was heutzutage als Basis für die Förderkontrolle in der EU dient. Damals drohte ich allein schon an der Datenauswertung zu scheitern, weil der Computer an der TH Wien das Programm, das in Deutschland dafür entwickelt worden war, nicht schaffte. Schließlich hat man mich dankenswerterweise an die Uni in Stuttgart vermittelt.

Nach Fertigstellung der Dissertation 1978 habe ich dann begonnen, mich nach einem anderen Arbeitsplatz umzusehen, an der BOKU ist es mir ein bisschen zu langweilig geworden. Außerdem war unsere Ausstattung am Institut für Betriebswirtschaft sehr mäßig, wir haben im Wesentlichen von der Gnade des Ministeriums gelebt, auch das war sehr unbefriedigend. Mein Professor akzeptierte meine Entscheidung, indem er feststellte: »Wenn ich Ihnen bessere Bedingungen bieten könnte, wäre ich Ihnen böse, weil ich das nicht kann, verstehe ich Ihren Schritt.« Außerdem hätte ich zur Fortsetzung einer wissenschaftlichen Karriere ein, zwei Jahre ins Ausland gehen müssen. Im Landwirtschaftsministerium wollte ich auch nicht arbeiten, da streckte ich lieber meine Fühler nach dem heimatlichen Tirol aus – und fand auch bald eine passende Aufgabe.

3

Vom Hochschulassistenten zum Kammerdirektor
1979–1989

Zunächst schien mir, dass die Regionalpolitik auch für meine engere Heimat ein Thema für eine lohnende Aufgabe sein könnte. Ich habe mich daher bei der Landesregierung um eine Stelle im Rahmen der Regionalentwicklung beworben, speziell mit dem Schwerpunkt Land- und Forstwirtschaft. Ich habe mich verschiedenen Leuten vorgestellt, letztendlich bin ich auch vom Landeshauptmann Eduard Wallnöfer eingeladen worden. In dem Gespräch bemerkte ich sofort, dass ihn dieses Thema überhaupt nicht interessierte, er hat mir das auch bald unverblümt bestätigt. Weil seiner Meinung nach all diese Konzepte, von Energie- bis zu Tourismuskonzepten, nur dazu führten, dass Politiker nicht mehr schalten könnten, wie sie wollten. Sein Fazit: »Ich will doch noch irgendwo selbst etwas anschaffen können.« Das Land Tirol schien an mir also kein Interesse zu haben.

Das glaubte ich zumindest, bis der damalige Kammeramtsdirektor der Tiroler Landwirtschaftskammer, Dr. Jakob Halder, zugleich Nationalratsabgeordneter der ÖVP, auf mich zukam: Er habe gehört, ich würde einen Job in Tirol suchen, er habe für mich einen in der Landwirtschaftskammer. Da er in der Regel die Hälfte der Woche in Wien im Parlament sei, solle ich als sein Direktionsassistent in der Kammer arbeiten und zusätzlich verschiedene, bis dahin eher vernachlässigte Agenden wahrnehmen, insbesondere auch Interessen der Landwirtschaft in verschiedenen Gremien der Landesregierung. Große Themen waren damals auch die Skipisten- und Langlaufloipenbenützung, die Erstellung des Tiroler Landwirtschaftskatasters, die Errichtung der Autobahn durch das Oberinntal und die Kraftwerksprojekte am Oberen Inn und im Dorfertal. Ich hatte alle diese

Agenden wahrzunehmen und darüber hinaus war ich kammerintern noch für die Bildungsbetreuung der landwirtschaftlichen Jugend und für kulturelle Angelegenheiten zuständig.

Einblicke in die Sozialpartnerschaft

Anfangs war ich leicht frustriert gewesen: Ich war ja seit langem der erste Tiroler, der auf der BOKU ein Doktorat gemacht hatte, dennoch schien man deswegen wenig Notiz von mir zu nehmen. Das änderte sich aber rasch, je mehr ich als Agrarvertreter in die zahlreichen Fachbeiräte und Ausschüsse hineinwuchs.

In meinem Job habe ich auch bald die Tiroler Bauernschläue kennen gelernt, schon bei der ersten Grundablöse, an der ich teilnahm. Es ging um ein Autobahnteilstück zwischen Imst und Schönwies, wo zwei Ausfahrten geplant waren, die nur dazu dienten, Imsterberg, ein Dorf mit 300 Einwohnern, zu erreichen. Allein für eine der beiden Ausfahrten hätte man einige Hektar Grund gebraucht, das schien mir eine Verschwendung zu sein, entsprechend entschlossen habe ich mich dagegen gewehrt. Ich konnte auch den damaligen Kammerobmann von Landeck, Engelbert Geiger, einen Intimfreund des Landeshauptmanns Wallnöfer, auf meine Seite ziehen. Die anderen Verhandler schienen uns jedoch gar nicht ernst zu nehmen, das waren alles eingespielte Teams und Seilschaften. Erst nachdem ich Geiger weiter aufstachelte, bis er schließlich den Landeshauptmann anrief, wurde es ernst. Der Verhandlungsleiter wurde ans Telefon zitiert und die Verhandlung ausgesetzt. Drei Wochen später ist aber die Verhandlung ohne jede Änderung der Pläne fortgesetzt worden, in der Zwischenzeit waren nämlich die betroffenen Bauern zum Landeshauptmann nach Hause in Barwies gepilgert und hatten mich zwar gelobt: »Der junge Ingenieur hat das gut gemacht.« Bloß: Sie meinten, ich hätte meinen Widerstand nur inszeniert, damit sie einen höheren Preis für ihren Grund bekämen, sie wollten nämlich verkaufen.

In dieser Zeit wurde auch das Tiroler Jagdgesetz von Grund auf novelliert. In der Folge musste dann ein neuer Mustervertrag für die Jagdpacht vereinbart werden. Ich sollte diesen als Nicht-Jurist im Namen der Bauern mit dem Vertreter des Jägerverbandes ausverhandeln. Dieser war der Präsident des Landesgerichts, Dr. Franz Obholzer. Eine ungeheuer mühsame Sache, schließlich sind wir doch zu einem Kompromiss gekommen. Nachher machten allerdings die Verhandlungskollegen des Präsidenten Obholzer diesem große Vorwürfe, weil er sich von einem Agraringenieur ohne juristische Ausbildung über den Tisch habe ziehen lassen. Richtig war nur, dass er ein Herz für die Achtung des bäuerlichen Eigentums hatte.

Meine Frau, die überzeugteste Tirolerin

Inzwischen hatte sich meine Familie – damals noch zu viert – in Absam eingerichtet. Anfangs, als mein Elternhaus noch stand, hatten wir eine kleine, bescheidene Wohnung, aber ich hatte schon damals geplant, ein neues Haus zu bauen, weil das alte nicht mehr sanierbar war. Unsere beiden ersten Kinder sind bald zu richtigen Urtirolern mutiert, haben in breitestem Dialekt gesprochen, obwohl sie in Wien bereits in den Kindergarten gegangen waren. Einmal ist meine Frau mit ihnen dorthin gefahren, da haben sie in der Straßenbahn laut gesungen: »Die Tiroler sind lustig, die Tiroler sind froh«, so stolz waren sie, Tiroler zu sein. Als meine Frau sie zur Ruhe aufforderte, plapperte meine vierjährige Tochter ganz patriotisch: »Gelt, Mama, die Wiener sind schon arm, dass sie keine Tiroler sind.«

Meine Frau war nach unserem Umzug anfangs ein bisschen skeptisch, inzwischen ist sie ebenfalls eine überzeugte Tirolerin. Für mich war die Übersiedlung nach Tirol eine rein pragmatische Entscheidung: Ich hätte mir auch vorstellen können, in Wien zu bleiben, wenn es dort für mich eine mir entsprechende Aufgabe gegeben hätte. Mit der Politik hatte ich weiter nichts vor; ich war zwar Bauernbundmitglied, das ging aber ohne mein Zutun. Ich habe einfach die Beiträge, die meine Großmutter zahlte, nach ihrem Tod weiterbezahlt.

Das Phänomen Wallnöfer

Über ganz Tirol, über Partei, Politik und Gesellschaft, schwebte damals Eduard Wallnöfer, Landeshauptmann von 1963 bis 1987. Wirklich aufgefallen bin ich ihm bei der Erarbeitung des Tiroler Landwirtschaftskatasters. Die Idee: Sämtliche Bauernhöfe sollten nach objektiven Kriterien kategorisiert und katalogisiert werden, das Ergebnis sollte als Basis für die Förderung dienen. Es hatte zwar schon vorher ein altes System gegeben, das von Hofrat Hans Weingartner, dem Vater des späteren Landeshauptmannes Wendelin Weingartner, entwickelt worden war. Obwohl es sogar österreichweit verwendet wurde, war es in der Zwischenzeit veraltet, sodass einige Bundesländer begonnen hatten, ihre eigenen Systeme zu entwickeln. Auch Tirol bastelte an einem neuen: Drei Jahre lang sind Beamte und Kammerangestellte im Auftrag des damaligen Agrarlandesrates Alois Partl – auch ein späterer Landeshauptmann – durchs Land gelaufen, haben alle Höfe besucht und eingeschätzt.

Dann war das angekündigte Wunderwerk endlich fertig und wurde der Öffentlichkeit vorgestellt. Kurze Zeit später wurde zum ersten Mal der Bergbauernzuschuss nach dem neuen System ausgezahlt. Das hat dann wie eine Bombe eingeschlagen, weil 3000 Bergbauern plötzlich weniger Geld bekamen als vorher. Um den folgenden Aufstand zu kalmieren, wurde von Wallnöfer eine Krisensitzung einberufen, an der ich als Kammervertreter teilnahm. Der Landeshauptmann putzte zu Beginn gleich den zuständigen Landesrat, also Partl, zusammen: »Deinen Kataster kannst du einpacken und auf den Misthaufen schmeißen!« Am Ende der Sitzung haben der Hofrat Werner Wildt, ein exzellenter Techniker, und ich den Auftrag erhalten, einen Ausweg aus der Misere zu suchen. Wir legten dann neue Berechnungen vor, die etliche Nachzahlungen erbrachten. Wallnöfer interessierte das im Detail überhaupt nicht, er brummte nur ein halbes Jahr später, nachdem sich die Aufregung gelegt hatte, zufrieden: »Seit den Kataster nur mehr der Hofrat Wildt und der Fischler verstehen, rührt er keinen Hund mehr.«

Eduard Wallnöfer war eine eminent beeindruckende Persönlichkeit, ein echter Landespatron, der aber stets über den geografischen Horizont Tirol hinaus blicken und denken konnte, wohl schon wegen seiner Südtiroler Herkunft. Die Arge Alp beispielsweise war seine Idee, die wichtigste regionale Interessengemeinschaft mit zehn Mitgliedern aus vier Staaten: Aus Deutschland Bayern, aus der Schweiz die Kantone Graubünden, St. Gallen und Tessin, aus Italien die Lombardei, Südtirol und Trient, aus Österreich Vorarlberg, Salzburg und Tirol. Die Arge Alp war europaweit der erste Zusammenschluss autonomer Regionen auf der Ebene unterhalb der National- und Bundesstaaten. Ihr Ziel war und ist es, mit einem Minimum an Institutionalisierung gemeinsame Anliegen der Mitgliedsländer auf kulturellem, sozialem, wirtschaftlichem und ökologischem Gebiet zu behandeln und das Bewusstsein der gemeinsamen Verantwortung für den alpinen Lebensraum zu vertiefen, ein nicht zu unterschätzender früher Beitrag zur Zusammenarbeit in Europa. Wallnöfer hat als Erster diese Arbeitsgemeinschaft entwickelt und ist dann mit seiner Idee zu Franz Josef Strauß gefahren. Die beiden haben sich geeinigt und das Projekt dann auf Schiene gebracht.

Wallnöfer hatte eben einen ungeheuren Instinkt dafür, was wichtig ist und was nicht, was geht und was nicht geht. Er hatte eine ungeheure Fähigkeit, zuzuhören. Vor allem hat er sich nie einseitig informieren lassen, hat die Probleme immer von mehreren Seiten beleuchtet. Das galt auch für seine Personalauswahl: Er war immer bemüht, die besten Leute für den Landesdienst zu finden, hat sie sich selbst angesehen, hat sich dabei nie auf Freund- oder Seilschaften verlassen. Trotz seiner autoritären Züge war er weit mehr als ein patriarchalischer Provinzkaiser. Ohne besondere Ausbildung zwar, aber bis zu einem gewissen Grad genial. Er konnte rasch Zusammenhänge durchschauen und diese den Leuten auf einfache Art und Weise klar machen. Das hat auch Menschen wie Bruno Kreisky an ihm fasziniert, die beiden hatten – als Angehörige unterschiedlicher Parteien – ein enges freundschaftliches Verhältnis, getragen von beiderseitigem Respekt. Ich habe solchen Respekt beiden gegenüber verspürt; als ich zu meinem Amtsantritt als Minister Kreisky als eines meiner beiden Vorbilder nannte, machte ich mir in meiner Partei wenig Freunde.

Ich bin nie wirklich in Wallnöfers engen Vertrautenkreis hineingewachsen, er hat die Kammer nicht geliebt, obwohl oder vielleicht auch weil er dort einmal Bezirkssekretär gewesen war. Er hat ihr ein Erlebnis nicht verziehen: Als er zum Landesrat berufen wurde, verbrachte er die letzten zwei Arbeitstage nicht mehr in der Kammer, sondern übersiedelte bereits ins Landhaus. Der damalige Kammeramtsdirektor strich ihm deswegen das gesamte Monatsgehalt, was Wallnöfer – wohl zu Recht – als kleinlich empfunden hat. Sein anfangs unbestrittener Nachfolger wurde 1987 Alois Partl, ein Vorläufer auf meinem Kammerposten, als Landesrat sehr populär. Nach sechs Jahren wurde Partl durch eine Erdrutschniederlage der ÖVP abgewählt, ihm hat die Transitfrage politisch das Genick gebrochen, die freilich auch Wallnöfer unterschätzt hätte. Legendär sein gegen alle ökologiebesorgten Transitgegner gerichteter Ausspruch: »Was wollts, Verkehr ischt Leben!«

Die Kammer war der Bauernbund

Die Landwirtschaftskammer als eine der Trägerinnen der Sozialpartnerschaft wurde von den meisten Bauern praktisch gleichgesetzt mit dem Bauernbund, einer Teilorganisation der ÖVP. Berechtigt: Alle Funktionäre der Kammer waren vom Bauernbund, beide Organisationen residieren bis heute im gleichen Haus, einem Eigentum des Bauernbundes.

1983 bin ich Kammeramtsdirektor geworden und habe versucht, der Kammer wieder mehr eigenständiges Gewicht zu geben. Das größte diesbezügliche Kompliment hat mir ein führender Funktionär aus dem Haus gemacht: »Früher sind wir zu den Hofräten gegangen, seitdem du Direktor bist, kommen die Hofräte zu uns.«

Das bezog sich nicht nur auf meine inhaltliche Kompetenz, die allgemein unbestritten war, sondern auch auf eine atmosphärische Veränderung: Früher war die Kammer als schwach verschrien. Sie würde ohnehin automatisch nachgeben, hieß es. Da glaubten manche Landesbeamte, dass man die Kammer mehr oder weniger ignorieren könne und sie vor Entscheidungen nicht einmal zu konsultieren brauche. Ich habe mich bemüht, das zu verändern. Insgesamt hat mir meine Funktion sehr viel Freude gemacht, ich leitete eine überschaubare »Firma« mit etwa 200 Mitarbeitern, der ich wieder einen guten Ruf verleihen konnte.

Die Reaktorkatastrophe von Tschernobyl

Als Kammeramtsdirektor war ich auch mehr in das agrarpolitische Getriebe eingebunden, zum ersten Mal nach der Reaktorkatastrophe von Tschernobyl: Nachdem die nuklear verseuchte Wolke auch Tirol gestreift hatte, versuchte ich Schutzmaßnahmen zu koordinieren.

Wir waren bald imstande, von jedem Tankwagen Milchproben zu ziehen und sie an der Innsbrucker Uni auf eine mögliche Verstrahlung zu testen, ehe die Milch verarbeitet wurde. Wobei Schädigung nicht gleich Schädigung war: Unbelastete Milch wurde zu Trinkmilch verarbeitet, aus der angelieferten Milch mit mittlerer Belastung wurde Butter erzeugt, die schwerer belastete kam vertrocknet in ein Sperrlager.

Die Sorgen der Menschen waren verständlicherweise groß: Vor meiner Kanzleitür standen Dutzende Schlange, jeder wollte irgendein Produkt kontrollieren lassen. Nicht alle ließen sich beruhigen: Als eine besonders lästige Hausgartenbesitzerin trotz bereits zweimal erfolgter Bescheinigung, dass ihre Gartenprodukte unbelastet waren, zum dritten Mal vor der Türe stand, griff ich zu einem Brachialmittel: »Geben Sie mir Ihre Erdbeeren, ich kann inzwischen fühlen, wie stark sie radioaktiv belastet sind.« Sprach's, steckte mir eine Erdbeere in den Mund und nannte irgendeinen Wert. Sie zog zufrieden von dannen – natürlich ohne Schaden.

Minister: Von Haiden zu Riegler

Mindestens einmal im Monat war ich in Wien bei der Konferenz der Landwirtschaftskammerpräsidenten. Dort hatte ich in meiner neuen Funktion mehrfach mit Günter Haiden zu tun, dem sozialistischen Landwirtschaftsminister zwischen 1976 und 1986. Er war gegenüber den fast ausschließlich »schwarzen« Kammerfunktionären entsprechend misstrauisch. Anlässlich eines Jubiläums des Fleckviehzuchtverbandes ist er einmal nach Tirol gekommen und ich habe diese Gelegenheit benützt, um ihm einige Verbesserungsvorschläge zur Kälbermastförderung zu machen. Nachdem ich meine Reformvorschläge präsentiert hatte, nahm er mich vertraulich zur Seite und fragte: »Sagen Sie, Herr Kollege, reden wir doch offen, wo ist denn der ›Leger‹ bei Ihrem Vorschlag?«

Diese stete Furcht davor, hineingelegt zu werden, war bezeichnend für das damalige Klima in der österreichischen Agrarpolitik – es entspannte sich erst, als die ÖVP 1986 nach Bildung der großen Koalition mit Josef Riegler wieder den Landwirtschaftsminister stellte. Eine Erleichterung für alle Landwirtschaftspolitiker: Durch das extreme

Misstrauen auf beiden Seiten hatte es überhaupt keine Gesprächsbasis zwischen SPÖ und ÖVP mehr gegeben, dazu wirkte auch noch der gerade überstandene Weinskandal negativ weiter.

Josef Riegler habe ich aus der Katholischen Hochschuljugend flüchtig gekannt, unsere Freundschaft begann, als er österreichischer Bauernbunddirektor wurde. Alois Mock hat ihn dann 1986 als Landwirtschaftsminister in die Regierung geholt. Dass die Tiroler Kammer nach seiner Angelobung gleich mit einem Forderungskatalog aufgekreuzt ist, hat er nicht goutiert. Er meinte damals nur lakonisch, er würde uns seine Wünsche mitteilen, nicht umgekehrt. Dann aber hat Riegler sofort begonnen, einen neuen Geist in der österreichischen Agrarpolitik walten zu lassen. Er hat eine Reihe von Arbeitskreisen eingerichtet, um auf Basis seiner Reformvorstellungen konkrete Vorschläge auszuarbeiten. Mir hat er die ebenso ehrenvolle wie schwierige Aufgabe übertragen, mit sämtlichen »Milchbossen« Österreichs ein Konzept für die Neuordnung der Milchwirtschaft zu erarbeiten, an der die »Chefs« kein besonderes Interesse hatten.

Die Milchwirtschaft funktionierte damals noch nach der Nachkriegsordnung, in der es primär darum ging, die Bevölkerung mit Milch und Milchprodukten ausreichend zu versorgen. Man brauchte damals die Genehmigung des Milchwirtschaftsfonds, wenn man eine neue Käsesorte oder ein neues Jogurt auf den Markt bringen wollte. Oder ebenso eine Genehmigung, wenn ein Bauer seine Milch nicht mehr zur Molkerei A, sondern zur Molkerei B liefern wollte. Daneben gab es einen wahren Dschungel an Ausgleichsmechanismen und Exportsubventionen, kurz: Es war höchste Zeit für eine Durchforstung. Natürlich war die Sache auch politisch sensibel: Riegler hatte einerseits Bedenken, man könne ihm vorwerfen, gar zu forsch an die Sache heranzugehen, andererseits war ihm völlig klar, dass eine Reform nicht nur unausweichlich, sondern auch wünschenswert war. Die Lösung des Problems schien ihm darin zu liegen, in einem ersten Schritt eine Trendwende herbeizuführen, die dann Schritt für Schritt umgesetzt werden sollte.

Mängel in der Landwirtschaftspolitik

Das deckte sich mit meinen Anschauungen und Erfahrungen. Es fehlte in der Landwirtschaftspolitik an Perspektiven, es herrschte eine Art Kirchturmpolitik: Es mangelte an Professionalität, an Verständnis für marktkonformes Handeln und für politische Realitäten. Aus dieser Zeit stammt der Sager: »Die Agrarpolitik ist ganz einfach, die Bauern sind für das Produzieren zuständig, die Genossenschaften für die Verarbeitung und die Politik für den Preis.« Dabei hatte sich auch in Österreich die Situation längst geändert. Der Bauernstand war auch auf dem Lande eine Minderheit geworden. Leute wie Josef Riegler und Sixtus Lanner hatten die Notwendigkeit einer umfassenden Politik für die ländlichen Räume längst erkannt und wussten, dass viele Bauern moderner dachten als ihre eigenen Vertreter.

Die Entwicklung zur Nebenerwerbslandwirtschaft war nicht mehr länger aufzuhalten. Auch in Tirol lebte nur mehr ein Drittel der Bauern von der Landwirtschaft allein, die Kammern mussten sich also auch um zusätzliche Fragen kümmern, etwa um eine Partnerschaft mit dem Tourismus. Nicht zuletzt, um diesen Hauptnutzer der schönen Landschaften, der für Skihänge und Loipen verwendeten Wiesen auch zur Finanzierung der Pflegekosten heranzuziehen. Für viele Orte wurden damals Nutzungsverträge für Schipisten und Loipen ausverhandelt, für die Bauern bedeutete dies teilweise eine beträchtliche finanzielle Aufbesserung ihrer Verhältnisse.

Ich habe immer öfter auch »meinen« Bauern sagen müssen: Freunde, eine Bevölkerungsgruppe von fünf Prozent kann nicht nach dem Prinzip »Mir san mir« agieren, sondern muss zusehen, dass sie mehr Freunde als Feinde hat. Damals fehlte diese Einstellung noch bei vielen Landwirtschaftspolitikern, die in simplen Schwarz-Weiß-Mustern nach dem Motto »Wer nicht für uns ist, ist gegen uns« dachten und dazu tendierten, die Landwirtschaft als eine Art Staat im Staate zu sehen. Und vor allem die europäischen Zusammenhänge zu negieren.

Als Kammeramtsdirektor hatte ich meine erste Begegnung mit der EU, damals noch die EWG (Europäische Wirtschaftsgemeinschaft). Ich bin zu einer Tagung der CEA, einer europäischen Agrar-Organisation, nach Antwerpen gefahren und danach erstmals nach Brüssel. Das war 1987, in Österreich hatte gerade eine vorsichtige Debatte über einen möglichen Beitritt Österreichs zur EU begonnen. Nach einem Gespräch mit einem Beamten der Generaldirektion VI Landwirtschaft lud ich diesen spontan zu einem Vortrag samt Skifahrten nach Tirol ein. Mehr habe ich nicht gebraucht: In der Konferenz der Kammerpräsidenten wurde ich gefragt, ob jetzt die Tiroler Kammer ihre eigene »Außenpolitik« mache.

Die Waldheim-Affäre

In dieser Zeit eskalierte die Debatte um Kurt Waldheim, 1986 zum Bundespräsidenten gewählt, 1987 auf die amerikanische »Watch List« gesetzt. Aus meiner damaligen Distanz zum Wiener Parkett hatte ich immer das Gefühl, dass ihm Unrecht geschieht, dass man ihm sogar Kriegsverbrechen vorwirft, obwohl er nie eines begangen hatte. Andererseits hat er sich sicherlich bei der Darstellung seiner Vergangenheit nicht geschickt verhalten; die Affäre, vor allem die Diskussion nach dem Wahlkampf, hatte für Österreich einen Katalysator-Effekt und hat auch einen Selbstreinigungsprozess bezüglich dieses Teils unserer Vergangenheit ausgelöst. Freilich, dadurch können die Praktiken nicht gerechtfertigt werden, die damals gegen Waldheim angewandt wurden.

Riegler wird Parteichef und Vizekanzler

Um diese Zeit traf ich den neuen Minister Josef Riegler immer häufiger, ihn und seinen Sekretär Wilhelm Molterer, der für ihn fleißig Strategiepapiere verfasste, mit dem ich rasch Freund wurde und er später mein Kabinettschef. Riegler kam aus der Steiermark und stützte sich außer auf seine Landespartei vor allem auf den Bauernbund. In der Landwirtschaftspolitik hatte er dadurch fast freie Hand und er hat bald das Konzept der ökosozialen Agrarpolitik auf seine Fahnen geschrieben. Insgesamt sollten die Agrarmärkte offener werden und das Schwergewicht von Marktmaßnahmen zu Direktzahlungen verlagert und durch ländliche Entwicklungsmaßnahmen, etwa die Bergbauernförderung, ergänzt werden. Allein diese Erwägungen, ohnehin nur zaghaft in Angriff genommen, führten dazu, dass es bald sogar in der Steiermark Versuche gab, ihn loszuwerden. Aber den »echten« Bauern draußen am Land galt Riegler weiter als großer Hoffnungsträger, auch in immer größeren Teilen der ÖVP.

Vor allem auch, weil es Alois Mock gesundheitlich immer schlechter ging. Das erste Mal war seine Krankheit am Abend der Nationalratswahl 1986 sichtbar geworden, als er entsetzlich angeschlagen vor die Kameras trat. Das konnte man noch auf die Enttäuschung darüber zurückführen, dass er als Spitzenkandidat der Volkspartei entgegen allen Umfragen und Prognosen doch wieder knapp hinter Franz Vranitzky und der von ihm geführten SPÖ lag. Die Symptome der Parkinson-Krankheit wurden aber immer deutlicher, ich verstehe bis heute nicht, warum er sie so lange verdrängt hat. Dann haben die Steirer ihre Messer zu wetzen begonnen, auch die Oberösterreicher samt Generalsekretär Helmut Kukacka waren mit von der Partie.

Ich dachte noch immer nicht an einen Wechsel in die Politik, schon gar nicht auf Bundesebene. Ich beschäftigte mich eher weiter mit Möglichkeiten, die Kammer zu reformieren. Dazu führte ich Mitarbeiterschulungen und Motivationsseminare ein, teilweise unter Verwendung gruppendynamischer Erfahrungen aus meiner Zeit bei der Katholischen Hochschuljugend. Das war neu, aber umso nötiger in einer Institution, in der Akademiker automatisch nach zehn Jahren unkündbar waren. Das stieß nicht immer auf Zustimmung: Jene, die etwas weiterbringen wollten, fühlten sich zwar animiert, die anderen aber eher angegriffen. Ich versuchte auch das Prinzip durchzusetzen, Konflikte anzusprechen und unter Beachtung fairer Regeln auszutragen, eine solche Konfliktkultur fehlte nicht nur in der Kammer, nicht nur in Tirol – das war ein österreichisches Problem.

1989 gab es dann wieder einmal einen Umsturz in der Volkspartei: Josef Riegler ersetzte Alois Mock als Obmann und Vizekanzler. Ursprünglich hätte er noch Landwirtschaftsminister bleiben sollen, aber das schien ihm zu Zeit raubend. Er wollte eine Regierungsumbildung und bekam sie schließlich. Nicht nur er selbst wurde als Minister abgelöst, sondern – aus seiner Sicht – auch zwei Schwachpunkte: Wirtschaftsminister Robert »Bobby« Graf und Wissenschaftsminister Hans Tuppy. So kam es, dass am 24. April 1989 drei neue Minister der ÖVP angelobt wurden, alle drei aus der Katholischen Hochschuljugend ebenso wie Riegler selbst: Wolfgang Schüssel, Erhard Busek – und ich.

4

Vom Kammerdirektor zum Minister

1989–1994

Für mich kam das Angebot Rieglers völlig überraschend. Ich hatte zwar aus Tiroler Parteikreisen gehört, Mock solle demnächst abgelöst werden, dachte mir aber nichts dabei, als mich das Ministerbüro Rieglers eines Tages dringend um Rückruf ersuchte. Als ich ihn erreichte, hat er einfach gefragt, ob ich Minister werden wolle. Ich habe kurz die Luft angehalten und dann Einwände vorgebracht: Ich sei erst einige Jahre Kammeramtsdirektor, besitze keine direkte politische Erfahrung, meine Frau sei gerade zum vierten Mal schwanger. Er hat mir geantwortet, ich sei gerade als Neueinsteiger geeignet, als einer, der die Kammer ziemlich erfolgreich umgekrempelt habe. Wir sind dabei verblieben, dass ich zuerst meine Familie fragen müsse.

Tränen vor der Ministerkür

Als ich dann vom Innsbrucker Büro nach Absam heimgekommen bin, saß meine Frau in Tränen aufgelöst da. »Um Gottes willen, was ist denn passiert?« Sie machte mir Vorwürfe, was für ein gemeiner Mensch ich sei, dass ich sie dumm sterben ließe, während die ganze Welt wisse, dass ich Minister werden solle. Die ganze Welt? »Blödsinn, ich habe doch gerade erst mit dem Riegler geredet, es stimmt, dass er mir das Amt angeboten hat, es stimmt aber ebenso, dass ich gesagt habe, mich erst bis morgen Früh entscheiden zu wollen.« Das Rätsel war bald gelöst: Riegler hatte die geplanten Revirements im Parteivorstand besprochen, Partl hatte übereifrig meiner Frau telefonisch als »Frau Minister« gratuliert. Wir haben den Plan dann natürlich doch noch familiär besprochen und ihn letztlich einstimmig angenommen. Mein Sohn Klaus hat die Entwicklung aus seiner Sicht auf den Punkt gebracht: »Papa, wenn du Minister bist, bekomme ich dann mehr Taschengeld?«

Zum Unterschied von Schüssel und Busek war ich für die breite Öffentlichkeit ein unbeschriebenes Blatt. Unsere erste Pressekonferenz fand dazu noch auf ohnehin schwankendem Untergrund statt: Claus Reitan, später Chefredakteur der »Tiroler Tageszeitung«, hatte die Idee gehabt, Riegler und sein neues Team eineinhalb Jahre vor der nächsten Nationalratswahl in einem Ruderboot in der Hainburger Au zu präsentieren, die seit dem heftigen Konflikt von 1984 zum Symbol für den Umweltschutz geworden war. Diesen Kampf habe ich in seiner vollen Bedeutung nie ganz verstanden – vielleicht auch wegen meiner Tiroler Distanz. Für Nenning hatte ich als ehemaliger »Forum«-Leser zwar eine gewisse Sympathie, warum er sich das Hirschgeweih aufsetzte, verstand ich aber nicht. Obwohl die Anliegen des Umweltschutzes mir immer nahe gingen: Bei einer Tagung des »Forums Alpbach« habe ich vorgeschlagen, unsere bewährte soziale Marktwirtschaft mit einer ökologischen Dimension zu einer »öko-sozialen Marktwirtschaft« weiterzuentwickeln. Im Publikum ist ein Ministersekretär namens Molterer gesessen, drei Monate später hat Riegler den Begriff erfolgreich in die politische Debatte eingebracht.

Schwieriger Start im Ministerium

Ich bin mit höchst gemischten Gefühlen in das Landwirtschaftsministerium eingezogen. Einerseits kannte ich dort viele jüngere Beamte, noch aus der Zeit an der BOKU – wegen meiner Assistentenzeit hatte ich ja praktisch mit zwei Studentengenerationen zu tun – oder durch meine späteren Kontakte als Kammeramtsdirektor. Aber von den Sektionschefs kannte ich nur einen, Walter Klasz, den Riegler ein Jahr vor seinem Weggang ernannt hatte. Diesen Posten hatte er auch mir angeboten, er war mir aber nicht attraktiv genug gewesen, dass ich dafür einen Wechsel nach Wien in Kauf genommen hätte. Dafür kannte ich viele andere Bezugspersonen gut, die Landwirtschaftskammer- und Bauernbundobleute sowie die zuständigen Landesräte und die Bauernbunddirektoren.

Ich bemerkte bald, dass im Ministerium eine extrem miese Stimmung herrschte. Es gab eine Frontstellung zwischen den ungefähr gleich starken »schwarzen« und »roten« Beamtenschaften, es wurde zu Lasten der nötigen Arbeit gestritten, es gab echte Führungsmängel. Ich habe einen befreundeten Unternehmensberater kontaktiert und ihn mit den Problemen im Haus am Stubenring konfrontiert, auch weil Riegler eine Verwaltungsreform – er hat ja quasi nebenberuflich ein eigenes Ministerium dazu übernommen – anstrebte und unter anderem vorgeschlagen hatte, jedes Ministerium solle sich eine bessere Struktur ausarbeiten lassen. Meinen Freund habe ich gefragt: Was nützt es, wenn ich ein wunderschönes Organigramm für einen besseren Aufbau des Ministeriums bekomme, dieses vielleicht sogar im Ministeriengesetz durchsetzen kann, aber das Personal nicht mitzieht? Er hat nur kurz geantwortet: Es gebe nur eine Methode, wie man Beamte gewinnen könne: Motivation. Die könne man nicht von außen in die Struktur hineintragen, sondern nur von innen heraus entwickeln.

Also habe ich im Ministerium Arbeitsgruppen mit Nachwuchshoffnungen eingerichtet, zusätzlich habe ich für die sechs Sektionschefs einen Jour fixe eingeführt, habe einen eigenen Mann für Personalentwicklung geholt und war damit in der Lage, die verknoteten Strukturen des Ministeriums aufzubrechen. Nach etlichen langen Gesprächsrunden habe ich mir und den anderen gesagt: Jetzt sollte auch etwas geschehen, sonst verliert das Reden seinen Reiz.

Distanz zu den Medien

Mit Wien selbst hatte ich keine Berührungsängste, nachdem ich dort ja schon nahezu zwölf Jahre gelebt hatte, höchstens anfangs mit den Medien. Ich wollte mich nicht wie andere Minister den Medien anbiedern und aus ihren Reihen Haus- oder Hofberichterstatter gerieren. Mir lag es auch nicht, mich durch Saufereien oder das freizügig vergebene Du-Wort zu verbrüdern, zu »verhabern«, wie man in Wien gern sagt. Ich habe stets Wert auf gute Medienleute, gute Pressesprecher gelegt und bin immer der Meinung gewesen, dass Medien »etwas Gescheites« berichten, wenn ihnen »etwas Gescheites« geliefert wird. Schwieriger war die Zusammenarbeit mit dem Fernsehen, da bin ich oft als absoluter Nicht-Intervenierer gegenüber den Sekundenzählern auf der Strecke geblieben, obwohl die Agenden des Ressorts eigentlich Gelegenheit für interessante Bilder geliefert hätten. Schließlich wirken im Fernsehen Bilder aus der Natur allemal interessanter als eintönige Büro- oder Konferenzräume. Freilich: Das Landwirtschaftsministerium war nie besonders prestigeträchtig, hat aber auch selbst lange zu wenig aus seiner Tätigkeit gemacht, auch nicht aus populären Feldern wie etwa dem Landschaftsschutz.

Als ich in Brüssel Kommissar wurde, bekam ich einige Zeit sogar die Einladung, für die schon damals nicht besonders EU-freundliche »Kronen Zeitung« regelmäßig Kommentare zu schreiben. Zerbrochen ist dieses Verhältnis erst nach Ausbruch der zweiten BSE-Krise. Ihrem Verleger Hans Dichand habe ich bezüglich der Anti-EU-Kampagne der »Krone« einen aufklärenden Brief geschrieben, aber keine Antwort darauf bekommen. Zuvor hatten wir bei drei oder vier Mittagessen gute Gespräche gehabt, später habe ich wohl nicht mehr ins Redaktionskonzept des stark kampagnenorientierten Blattes gepasst.

Das Klima in der Regierung

In der Regierung war das Klima lange Zeit okay. Inhaltliche Reibungspunkte gab es zwar mit dem Finanzminister, Ferdinand Lacina, der offenbar bei der Landwirtschaft möglichst viel einsparen wollte. Lacina selbst war ein blitzgescheiter Verhandlungspartner, stets gut vorbereitet. Er konnte aber rasch »sauer« werden und einer seiner Mitarbeiter hat diese Sensibilität stets zu nützen gewusst: Immer vor einer heiklen Phase in den Verhandlungen hat er ihm eine Zeitung oder ein Zitat gereicht, wo ein Bauernbundfunktionär etwas Abfälliges über den »bösen Lacina« gesagt hatte – was die Stimmung vermieste und eine Einigung noch schwieriger machte.

Lacina hatte sicherlich für die kleinen Bauern Verständnis, glaubte aber immer, dass jeder Schilling, den er mir zugestand, letztlich »beim grünen Riesen«, wie er Raiffeisen bezeichnete, landen würde. Wir haben auch miteinander immer wieder Marktordnungsverhandlungen geführt, in die traditionsgemäß die Sozialpartner intensiv involviert waren. Dann gab es auch bei allen Sozialpartnern Agrarexperten, etwa

Werner Muhm und Heinz Zourek von der Arbeiterkammer, Hannes Farnleitner und Ingrid Tichy-Schreder von der Wirtschaftskammer. Mit ihnen mussten wir etwa bei den jährlichen Verhandlungen über das Getreideprotokoll nächtelang zusammensitzen, damit alle wie bei Kollektivvertragsverhandlungen demonstrieren konnten, wie energisch sie für die Anliegen ihrer jeweiligen Klientel kämpften.

Riegler wird durch Busek abgelöst

1991 wurde Josef Riegler als Obmann der Volkspartei von Erhard Busek abgelöst, der Absturz der ÖVP im November 1990 war zu schwer ausgefallen, von 41,3 auf 32,1 Prozent. Ich habe bei dem vom Jugoslawien-Krieg überschatteten Parteitag ebenso wie Riegler den »liberalen« Busek gegen den »konservativen« Bernhard Görg unterstützt, obwohl der persönlich weniger konservativ war als die meisten seiner Unterstützer. Nach dem überraschend klaren Erfolg Buseks hat sich auch das Koalitionsklima wieder entspannt: Vranitzky ist schon mit Riegler weit besser ausgekommen als mit Alois Mock, aber Busek war überhaupt die Garantie gegen die »schwarz-blaue Versuchung«, von der sich Mock zumindest teilweise verführen ließ.

Auch für mich war es ein Vergnügen, mit dem Vizekanzler Busek, der noch dazu ein begnadeter Vertreter des typischen Wiener Schmähs ist, zusammenzuarbeiten. Riegler war zwar ungeheuer bemüht, aber auch ein wenig gehemmt. Er hat sich natürlich in der Landwirtschaft viel besser ausgekannt als Busek und mich immer über meine Pläne befragt, ohne sich aber einzumischen. Busek hat die Agrarpolitik nicht wirklich interessiert, sein Stehsatz war: »Franz, hör auf, mir etwas erklären zu wollen, sag mir nur, was es kostet.«

Der Faktor Mock

Alois Mock war als Außenminister weiterhin recht gut drauf, allein schon wegen seiner internationalen Reputation, und fungierte anfangs auch als Counterpart zu Vranitzky. Das hing vor allem mit der damaligen Causa prima zusammen: Unter welchen Bedingungen Österreich um die Aufnahme in der EU ansuchen und welcher Brief nach Brüssel geschickt werden solle. Seine Rolle wurde aber parteiintern zunehmend relativiert: Einerseits schon infolge seiner zunehmend sichtbar werdenden Krankheit, andererseits durch den Wechsel an der Parteispitze: Busek war außenpolitisch weit interessierter als Riegler, hat sich speziell in Osteuropa blendend ausgekannt und dorthin schon viel früher Kontakte gepflegt als Mock, der 1989 mit dem ungarischen Außenminister Gyula Horn den Stacheldraht an der burgenländischen Grenze durchschnitten hat.

Unter Busek gab es in der ÖVP zunehmend Debatten über außenpolitische Themen, unter Riegler war das die ausschließliche Domäne von Mock. Gegenüber der FPÖ unter Haider setzte man auch bei uns auf Ausgrenzung. Wir alle, vor allem aber Parteiobmann Erhard Busek und Wirtschaftsminister Wolfgang Schüssel, waren der Meinung, dass mit diesen Leuten kein Staat zu machen sei. Mocks Gesundheitszustand hat immer mehr Mitleid ausgelöst, er ist aber immer fuchsteufelswild geworden, wenn er darauf angesprochen wurde.

In der Regierung sind wir gut miteinander ausgekommen. Mock hat in Tirol mit seiner Gattin Edith öfter Skiurlaub gemacht, in einer Nachbargemeinde. Einmal musste ich ihm bei einem gemeinsamen Skitag klar machen, dass ich den damaligen Chef der wirtschaftspolitischen Sektion seines Außenministeriums in meinem Ministerium benötigte, als Verhandlungsführer für die Landwirtschaftsverhandlungen mit der EU. Während der ersten Fahrt am Schlepplift habe ich ihm abstrakt das Problem geschildert, er hat mir zugestimmt: »Ja, ja, da brauchst du wirklich einen Top-Diplomaten, einen exzellenten Verhandler auf Beamtenebene.« Dann ging es wieder den Hang runter zur nächsten Bergfahrt. Da bin ich dann konkret geworden und habe den von mir gewünschten Beamten genannt. Da wären wir fast aus der Liftspur geflogen, so entsetzt war Mock. Erst nach der fünften Bergfahrt hat er nachgegeben und ich hatte meinen Fachmann, Harald Kreid.

Unmut über die Entwicklung in der österreichischen Kirche

Die Entwicklung in »meiner« katholischen Kirche, sichtbar durch die Ernennung von Bischöfen wie Hans Hermann Groer und Kurt

Krenn, ist mir schon lange vor den später aufgeflogenen Skandalen sauer aufgestoßen. Ich bin zwar von etlichen kircheninternen Kritikern kontaktiert worden, konnte aber selbst auch nicht viel ausrichten. Die so genannten progressiven Kreise haben da auch selbst Fehler gemacht, sie etwa viel zu wenig systematische Kontakte zum Vatikan aufbauten, sondern diese einigen erzkonservativen Laien überließen. Auf diese Weise ist in Rom ein sehr einseitiges Bild über die Kirche Österreichs entstanden.

Als es in den Neunzigerjahren um die Nachfolge für unseren allseits beliebten Tiroler Bischof Reinhold Stecher ging, wurde wieder einmal versucht, mit Intrigen manche verheißungsvolle Kandidaten in Rom anzuschwärzen und dafür Personen, die für dieses Amt ungeeignet waren, in Stellung zu bringen. Gott sei Dank ist aber am Ende eine gute Entscheidung gefallen und wir bekamen in Innsbruck mit Bischof Kothgasser einen guten Nachfolger. Trotz allen Ärgers blieb ich mein ganzes Leben lang in der Kirche aktiv, entsprechend meiner Überzeugung, dass es zumindest für mich zu einer christlichen Grundhaltung keine wirkliche Alternative gibt.

Das ändert nichts an den Differenzen, die ich mit meiner Kirchenleitung in einigen Fragen habe. Für mich ist etwa der Zwangszölibat für Weltpriester nicht mehr zu rechtfertigen, obwohl ich nicht glaube, dass unsere Probleme mit dem Priesternachwuchs automatisch beendet würden, wenn katholische Geistliche heiraten dürften. Man sollte auch Wiederverheirateten Sakramente spenden. Heikler bin ich bei der Fristenlösung: Ich habe Verständnis für Frauen, wenn sie in Notlagen abtreiben, ich bin auch gegen eine strafrechtliche Verfolgung. Aber nur eine terminliche Frist als Begründung für die Behandlung einer Abtreibung zu setzen, das findet meine Zustimmung nicht. Ich hielte eine vernünftige Indikationenlösung für besser als die jetzige Fristenregelung.

Vorbereitung auf den EU-Beitritt

In den fünfeinhalb Jahren meiner Ministertätigkeit musste ich etliche schwere Brocken aus dem Weg räumen, mit oder ohne EU-Orientierung: Damals ist die so genannte Uruguay-Runde gelaufen mit dem Ziel, alle Einfuhrbeschränkungen zu tarifieren und dann die neuen

Zölle genauso abzubauen wie die Exportsubventionen und die den Handel verzerrenden Fördermaßnahmen, alles Schritte in Richtung einer Liberalisierung des Agrarmarktes. Auch wenn wir nicht der EU beigetreten wären, hätten wir daher tief greifende Agrarreformen gebraucht, die in Aussicht gestellten EU-Beitrittsverhandlungen haben diese nur noch dringlicher gemacht.

Das wichtigste Projekt in diesem Zusammenhang war die Marktordnungsreform 1992 mit dem Ziel, weg von starren Marktordnungen hin zu mehr Marktnähe. Die österreichischen Agrarpreise lagen damals um 35 Prozent über den Durchschnittspreisen in der EU, dabei waren diese damals auch in der EU noch viel höher als heute.

Nachdem ich in einem Interview mit der »Krone« angekündigt hatte, in der österreichischen Marktordnung werde »kein Stein auf dem anderen bleiben«, wurden sofort viele Widerstände organisiert. Etwa in der Milchwirtschaft: In der Steiermark hat es sogar Genossenschafter gegeben, die darüber diskutiert haben, wie man den Fischler möglichst rasch wegbringen könne. Damals gab es auch im Zusammenhang mit Milchexporten nach Russland einen letztlich folgenlosen parlamentarischen Untersuchungsausschuss, von der SPÖ freilich primär als Revanche für die Einrichtung des Lucona-Ausschusses initiiert.

Auch in der Weinwirtschaft hatten wir noch mit den Auswirkungen des früheren Weinskandals zu kämpfen: Ich habe alle Klagen deutscher und sonstiger Weinhändler auf Schadenersatz verglichen, und zwar meist nicht in Geld, sondern in Wein. Das hatte den Vorteil, dass die deutschen Weinhändler österreichischen Wein wieder in ihr Sortiment aufnehmen mussten. Es hat auch einige neue Ansätze gegeben. Die AMA (Agrarmarkt Austria) wurde eingerichtet und mit ihrer Hilfe ein systematisches Agrarmarketing aufgebaut. Es ist gelungen, österreichische Bioprodukte auch in die großen Handelsketten einzuschleusen. Das hatte einen auch international beachteten Bio-Boom zur Folge. Man konnte das auch an der Förderungsentwicklung sehr gut ablesen. Als ich ins Ministerium kam, wurden für diesen Sektor gerade einmal zwei Millionen Schilling aufgewendet, als ich das Ministerium verließ, ungefähr 250 Millionen Schilling. Es kam auch zu Veränderungen in den meisten anderen Bereichen: Ein neues Wasserrecht wurde verabschiedet, die Neuordnung der

Österreichischen Bundesforste und der Bundesanstalten in die Wege geleitet und vieles andere mehr.

Ganz unabhängig von der EU musste ich oft bäuerlichen Funktionären den Bedeutungswandel ihres Sektors klar machen – dass es keine Abwertung darstellte, den Bauer auch oder sogar hauptsächlich als Landschaftspfleger darzustellen: Die bäuerliche Tätigkeit bestand ohnehin schon immer darin, nicht nur Fleisch, Milch oder Getreide zu produzieren, sondern gleichzeitig auch auf die Umweltqualität zu achten, auf Böden und Grundwasser. Das war natürlich im Marchfeld oder Weinviertel schwieriger zu erklären als in Tirol oder Salzburg.

Jörg Haider als EU-Gegner

Manche haben dennoch geglaubt, sie könnten aus den unabwendbaren Umstellungen politisches Kapital schlagen. Jörg Haider ist einmal an der Spitze von einigen FPÖ-Bauern mit einem Traktor vor dem Ministerium aufgefahren und hat vor dem Regierungsgebäude vom Verrat Fischlers an den österreichischen Bauern geschwafelt und dass ich sie auf dem Altar der EU opfern würde. Ich bin kurz entschlossen runter vor mein Ministerium, auf den Traktor geklettert und habe nur gesagt: »Haider, gib das Mikrofon her, du redest lauter Unsinn!« Natürlich haben die 100 Leute nachher gepfiffen. Aber ebenso natürlich ist es im Fernsehen gut angekommen, dass ich mich gestellt habe. Der Haider von damals war übrigens anders als der Haider von heute: Er war relativ locker, man hat sich mit ihm ganz gut unterhalten können. Wie auch in seiner ersten Periode als Landeshauptmann, als er auch die Funktion des Agrarlandesrates innehatte, da hatte er bisweilen ganz vernünftige Ansichten.

Bald war das nicht mehr so. Denn Haiders FPÖ stellte sich an die Spitze der EU-Gegner, obwohl die Freiheitlichen früher die vehementesten Befürworter eines österreichischen Beitrittes zur EU gewesen waren. Diese Linie hatte Haider aus rein taktischen Gründen geändert. Geändert hat sich auch seine Art: Er wurde immer verbissener, seine Gesichtszüge verkniffener, ich hatte oft das Gefühl, er bereite sich auf eine Art Endkampf vor. Unsere Differenzen eskalierten später in Brüssel bei der Eröffnung der Kärntner Landesvertretung der EU, als ich ihm bereits als Kommissar die Leviten las für seine zwiespältige, populistische Haltung gegenüber der EU und seine insgesamt verletzenden Töne gegen einige europäische Politiker. Als er mich dann im Jahr 2000 entgegen allen Fakten quasi persönlich für die Sanktionen gegen die Regierung verantwortlich machte, war für mich »der Ofen aus«: Populismus, Polemik, okay, mit solchen Dingen muss man leben. Aber nicht mit persönlicher Ehrabschneidung.

Die grüne Wandlung

Aus jener Zeit wurzelt wohl auch meine Distanz zu den Grünen: Sie waren damals ebenfalls vehement gegen den EU-Beitritt und versuchten insbesondere die Bauern dagegen aufzubringen. Später haben sie diese Haltung ja völlig geändert und ich habe gerade diesbezüglich mit einigen ihrer Exponenten, von Johannes Voggenhuber bis Monika Langthaler, eine sehr gute Gesprächsbasis entwickelt. Die gesamte grüne Fraktion im Europaparlament hat sich in meiner Kommissarzeit konstruktiv verhalten, etwa ein Daniel Cohn-Bendit oder ein Friedrich-Wilhelm Graefe zu Baringdorf. Auch mit der grünen deutschen Landwirtschaftsministerin Renate Künast konnte ich stets gut zusammenarbeiten. Diese Wandlung der Grünen entsprach meinem grundsätzlich ökosozialen und internationalen Ansatz von Politik – und hat dazu geführt, dass ich 2002 vehement eine schwarzgrüne Regierungsoption unterstützt habe und dies auch zukünftig für möglich halte.

Die Bundesregierung hatte am 17. Juli 1989 das Beitrittsansuchen Österreichs um Aufnahme in die EU in Brüssel eingebracht, am 1. August 1991 wurde das Ansuchen im »Avis« der EU-Kommission positiv beantwortet, bald darauf der offizielle Startschuss für die Beitrittsverhandlungen gegeben. Ob die österreichische Bevölkerung den Resultaten zustimmen würde, hing wesentlich auch von der Stimmung am Lande ab.

Ausgangspunkt der einschlägigen Gespräche: Die österreichische Landwirtschaft hätte Einkommenseinbußen in der Größenordnung von 7,8 Milliarden Schilling zu erwarten gehabt, wenn keine Erfolge erzielt und keine struktur- und wettbewerbsverbessernden Maßnahmen getroffen worden wären. Die EU-Staaten waren schon vor dem Beitritt der mit Abstand wichtigste Handelspartner Österreichs, die

1996

1981 mit Joop Roeland, Prälat Karl Strobl, Alfred Stirnemann und Ignaz Zangerle

1997 mit dem ehemaligen Tiroler Landeshauptmann Alois Partl

Franz Vranitzky übergibt das große goldene Ehrenzeichen der Republik mit Stern.

Mit seinem politischen Freund und Mitstreiter Erhard Busek zu Neujahr 2000

Mit Wolfgang Schüssel, Brigitte Ederer und

Ferdinand Lacina 1994 in der Wiener Hofburg

Franz Fischler und sein erstes Team (von links nach rechts: Jacques Burtin, Michael Erhart, Rudolf Strohmeier, Christine Kaul, Corrado Pirzio-Biroli, John Bensted-Smith, Kurt Cowling)

Im Rampenlicht europäischer Medien

Mit Otto Habsburg

Mit Wolfgang Schüssel und Romano Prodi in Lech am Arlberg

Bilanz hatte sich aber immer mehr zum Schlechteren entwickelt: Die Importe aus der EU betrugen 20 Milliarden Schilling, die Exporte nur 8,4 Milliarden. Der Beitritt war für die Landwirtschaft eine Voraussetzung für mehr Chancengleichheit im Agrarhandel, er bezog sie in die Dynamik des europäischen Marktes ein, aber auch in einen wesentlich stärkeren Wettbewerb, mit allen Risiken und Chancen: Auf dem kaufkräftigsten Markt der Welt konnten künftig auch österreichische Agrarerzeugnisse verkauft werden. Bei einem Nicht-Beitritt hätte Österreich dagegen insbesondere seine Rinderproduktion massiv zurücknehmen müssen. Die in der Uruguay-Runde im Handelsabkommen GATT vereinbarten Kürzungen der subventionierten Exportmengen um 21 Prozent und der Exportstützungen um 36 Prozent bei gleichzeitig wachsenden Importen aufgrund des geringeren Außenschutzes hätten die Produktionschancen in unserem Land auf den traditionellen Agrarmärkten massiv verschlechtert.

Erfolge bei den Verhandlungen

In den Expertengesprächen zum Kapitel 15 (Landwirtschaft) und den folgenden politischen Verhandlungen konnte für die Landwirtschaft das Maximum herausgeholt und nach intensiven Gesprächen zwischen den Regierungsparteien auch innerösterreichisch abgesichert werden. Allein im ersten Jahr nach dem Beitritt sollten 14 Milliarden Schilling aus den EU-Kassen zu den österreichischen Bauern fließen, dazu noch 11 Milliarden aus nationalen Fördertöpfen, 60 Prozent vom Bund, 40 Prozent von den Ländern. Genau geregelt wurden die Quoten und Referenzmengen für Milch, Nutztiere, Getreide und Zucker, die Marktordnungsprämien, die Direktzahlungen für Bergbauern und Bauern in sonstigen benachteiligten Gebieten, die Mittel für die Umweltförderung (»Öko-Landwirtschaft«), die einzelbetrieblichen Investitionsförderungen sowie die landwirtschaftlichen Regionalförderungen.

Alles schien in den Vorverhandlungen perfekt gelaufen zu sein, einem Beitritt per 1. Jänner 1995 – bei positivem Ausgang der österreichischen Volksabstimmung – nichts mehr im Wege zu stehen, als wir Ende Februar 1994, zwischen 27. Februar und 1. März, zur letzten Verhandlungsrunde, der großen »Elefantenrunde«, nach Brüssel flogen: Alois Mock als Delegationsleiter, Wirtschaftsminister Wolfgang Schüssel, Finanzminister Ferdinand Lacina, Verkehrsminister Viktor Klima, EU-Staatssekretärin Brigitte Ederer, Wiens Finanzstadtrat Hans Mayr, die Landeshauptleute von Vorarlberg und der Steiermark, Martin Purtscher und Josef Krainer, die Sozialpartnerschaftspräsidenten Fritz Verzetnitsch (ÖGB), Leopold Maderthaner (Wirtschaftskammer), Rudolf Schwarzböck (Landwirtschaftskammer), Georg Schwarzenberger (Bauernbund) sowie ich. Zusätzlich begleitete uns ein ganzes Heer von Beamten und Experten, was uns in Brüssel gleich einmal die Bezeichnung »Euro-Japaner« eintrug, denn nur von »Japanern« war man gewohnt, dass sie mit riesigen Verhandlungskomitees zu internationalen Verhandlungen reisten. Die Regierungsspitze, Bundeskanzler Franz Vranitzky und Vizekanzler Erhard Busek, hielt in Wien die Stellung, stets mit Mock in Kontakt.

Probleme bei der »Elefantenrunde«

Plötzlich gab es bei zwei Themen gewaltige Probleme: Die EU-Verhandlungsführer wollten den Transitvertrag mit Österreich wegen seiner Beschränkungen für den schweren Durchzugsverkehr aushebeln – und bei »meinem« Landwirtschaftskapitel wurden die mit uns bereits vordiskutierten Übergangsregelungen, die für unsere Bauern einen schrittweisen Abbau des Schutzes gegenüber der ausländischen Konkurrenz vorsahen, auf einmal in Frage gestellt. Der agrarische Binnenmarkt sollte ohne Kompensationszahlungen sofort gelten. Wir dagegen hielten an dem fest, was wir nicht einmal, sondern mindestens zwanzigmal mit den Beamten der für die Landwirtschaft zuständigen Generaldirektion VI der EU-Kommission besprochen hatten: Es solle mehrjährige Einschleifregelungen geben, ähnlich wie beim Beitritt Spaniens und Portugals. Denn Österreich hatte zu diesem Zeitpunkt um 35 Prozent höhere Agrarpreise als im EU-Durchschnitt. Ähnliches galt für die ebenfalls mit uns verhandelnden Finnen und Norweger.

Als ich feststellen musste, dass alles, was man uns in Aussicht gestellt hatte, Makulatur war, bin ich zum Vize-Generaldirektor der GD VI – der Kommissar war augenscheinlich verschwunden – gegangen und habe mich beschwert: »Zwei Jahre lang haben Sie uns erzählt, dass wir ein Übergangsmodell bekommen, und nun soll das alles nicht mehr gelten?« Er hat sich gleich entschuldigt und einbekannt, dass er über die um 180 Grad geänderte Position entsetzt war. Er sagte: »Es tut mir Leid, aber nun regieren hier Ajatollahs, mit denen man nicht vernünftig reden kann.« Sollte heißen: Der kompromissbereite, aber nicht durchsetzungsfähige Luxemburger Landwirtschaftskommissar Steichen war vom holländischen Außenkommissar Van den Broek zurückgepfiffen worden. Später habe ich erfahren: Steichen ist von Van den Broek einfach kaltgestellt worden. Das erklärte mir dann auch, warum ich in diesen Tagen Steichen nie erreichen konnte.

Nun war guter Rat teuer. Wir haben uns alle zu einer Krisensitzung in die österreichische Botschaft zurückgezogen, Maderthaner haben wir zum Pizzakaufen ausgesandt, die Stimmung war gedrückt. Ich habe noch einmal unsere Position zusammengefasst: Wir müssen doch erwarten können, dass monatelang gegebene Zusagen der EU-Verhandler halten. Und unser Vorschlag käme der EU letztlich auch billiger als ihr eigener. Das entsprach meinem pragmatischen Zugang zum Thema: Ich habe damals nicht zu den begeisterten Europäern gehört, sondern die Entwicklung leidenschaftslos betrachtet: Ich wusste, dass es zum EU-Beitritt keine sinnvolle Alternative gab, und es war nun einmal mein Geschäft, dafür zu sorgen, dass der Beitritt für den Bereich der Landwirtschaft auch funktionierte. Mock ist mit meinen Überlegungen zum Kapitel Landwirtschaft am nächsten Tag wieder in die zentralen Verhandlungen gegangen – und zur Gänze abgeblitzt.

Mein Alternativvorschlag in heikler Lage

Über Nacht hatte ich aber parallel dazu einen Alternativvorschlag ausgearbeitet, den ich zuerst meinen agrarischen Mitstreitern und dann dem ganzen Verhandlungsteam vorstellte. Ich bestand darauf, dass wir versuchen sollten, möglichst viel an finanziellen Mitteln für ein ländliches Entwicklungsprogramm herauszuschlagen, das heißt mehr Zahlungen für Umwelt- und Investitionsmaßnahmen und für die Bergbauern. Zusätzlich verlangte ich eine über mehrere

Jahre verteilte degressive Prämie, die den Bauern die Bewältigung der Preisverluste erleichtern sollte. Eine Art flexibles Modell also: Die österreichische Landwirtschaft würde zwar von Beginn an für den Binnenmarkt geöffnet und wäre damit den niedrigeren Preisen der EU ausgesetzt, dafür aber wird ein teilweiser Ausgleich in Form von neuen Förderungen gesucht. Das erste Angebot, das Lacina und ich aus der Kommission zu hören bekamen, war zwar ungenügend – 500 Millionen ECU für alle, für uns und die Skandinavier –, aber immerhin bedeutete das eine Aufweichung verhärteter Fronten, ein erstes Abgehen von der harten Linie. Lacina war in dieser Phase aus zwei Gründen eminent wichtig: Erstens hätte ich ohne nationale Kofinanzierung keinen einzigen ECU in Brüssel loseisen können, es war daher ganz entscheidend, dass der Finanzminister mögliche Zusatzmittel im nationalen Budget für die in seiner Partei nicht immer geschätzte Landwirtschaft in Aussicht stellte, und zweitens gehörte Lacina zu jenen Verhandlungsteilnehmern, die niemals die Nerven verloren.

Vorerst galt es aber noch, die österreichischen Bauernvertreter in Gestalt von Schwarzböck und Schwarzenberger für den Übergang von einem System mit Übergangsfristen zu einem mit Ausgleichszahlungen zu gewinnen. Was schließlich – auch weil sich die EU bei den Zahlungen nicht lumpen ließ – gelang: Die schlussendlich vereinbarte Regelung, wonach Landwirte dafür bezahlt werden, umwelt- und kulturerhaltend zu produzieren, wurde später zum Vorbild für die gesamte Agrarförderung in der EU. Und wir erreichten, dass Österreich auch noch Jahre später in Relation zur Größe seiner Landwirtschaft fünfmal so viel Geld von der EU für ländliche Entwicklung bekam wie die anderen EU-Staaten im Durchschnitt. Mock, der bei einer Pressekonferenz bereits vom möglichen Platzen der Verhandlungen gesprochen hatte (»Trotz aller Schwierigkeiten werden wir eines Tages Mitglied bei der EU sein«), konnte doch noch aufatmen. Ein ORF-Interview, in dem er bereits unsere Heimfahrt angekündigt hatte, war vom Korrespondenten Günther Schmidt in eigener Verantwortung nicht gesendet worden.

Dennoch spitzte sich die Lage noch einmal zu. Frankreichs Europaminister Lamassoure, der EU-Verhandlungsführer in Sachen Verkehr, legte sich gegen den Transitvertrag quer. Er fürchtete, seine engere Heimat Savoyen könnte in Mitleidenschaft gezogen werden, wenn der Schwerverkehr durch Österreich behindert würde. Wie schon beim Landwirtschaftskapitel versuchte Mock seinen Freund Jacques Chirac einzuschalten, Vranitzky tat das in Telefonaten mit anderen befreundeten Regierungschefs. Klima stand unter sichtbarem Stress, schließlich wurde in einer zweiten Verhandlungsnacht nur mehr um den Termin und die Modalitäten des Auslaufens des ohnedies befristeten Transitvertrags gestritten.

Kompromiss in letzter Sekunde

Der Kompromiss, der dann in letzter Sekunde erzielt wurde, war nicht berauschend, aber letztlich war der Durchbruch erzielt. Viele österreichische Verhandlungsteilnehmer waren am Schluss ziemlich fertig. Alois Mock wirkte körperlich sehr angeschlagen, da half auch nicht, dass ihm ein Arzt eingeredet hatte, er könne sich am besten fit halten, wenn er möglichst viele Bananen und viel Zitroneneis äße. Sein Sprecher, der arme Florian Krenkel, musste daher während der gesamten Tage literweise Eis und bundweise Bananen organisieren. Es sind auch Tränen geflossen – und das nicht nur aus Freude über den Abschluss der Verhandlungen. Schüssel blieb dagegen stets ruhig, aber er hatte für die Wirtschaft auch nicht mehr viel zu verhandeln, weil Österreich ja schon vorher dem EWR beigetreten war.

Wirklich cool geblieben ist auch Lacina, er hatte einen guten Draht zum Kabinett von Jacques Delors. Der Kommissionspräsident entwickelte dann auch mit seinem Kabinett die letzten, entscheidenden Kompromissformeln. Auch der spätere NATO-Generalsekretär Willy Claes, damals belgischer Außenminister, hat uns sehr geholfen, ebenso der deutsche Außenminister Klaus Kinkel von der FDP. Claes hat einmal in unserer Anwesenheit den griechischen Außenminister Pangalos, der in den Verhandlungen den Vorsitz führte, dazwischen aber immer wieder mit seinem Abflug drohte, »zusammengestaucht«: Er solle sich gefälligst um einen positiven Abschluss bemühen, statt den Fortschritt der Verhandlungen zu hintertreiben. Kinkel, unterstützt durch Joachim Bitterlich, hat sich damals ebenfalls große Verdienste um Österreich erworben. Teilweise hat es in diesen Brüsseler Nächten auch skurrile Situationen gegeben; es gab auch Kräfte, die kein Problem damit gehabt hätten, wenn die Verhandlungen geplatzt wären. Die Franzosen etwa, die erst im letzten Moment in der Transitfrage nachgegeben haben. Auch die Holländer haben lange Zeit auf die Kosten verwiesen, welche die neu vereinbarten Zuschüsse verursachen würden – bis Helmut Kohl dann von Bonn aus erklärt hat: Jawohl, wir greifen noch einmal in die Kassa. Mit Wien hatten wir ständigen Telefonkontakt, sowohl mit Bundeskanzler Vranitzky als auch mit Vizekanzler Busek. Schließlich hat ein zentrales Argument geholfen: Es gibt keine Alternative zur EU. Und wenn uns daraus schon Nachteile entstehen können, dann wollen wir im Gegenzug wenigstens auch den Vorteil haben, politisch mitreden zu können.

100 Stunden ohne Schlaf

Diese 100 Stunden, von Samstag früh bis Dienstag 22 Uhr, waren für alle extrem anstrengend: Auch ich habe zwei Tage und drei Nächte nicht geschlafen. Mir hat sehr geholfen, dass ich mich mithilfe von autogenem Training auch schon binnen einer halben Stunde gut erholen kann. Wir sind gegen Ende der dritten Nacht mit einer vollen Chartermaschine heimgeflogen, die Stimmung war sehr friedlich – wir haben alle geschlafen. In diesen entscheidenden Stunden hatten wir echten Teamgeist entwickelt und sogar eigene »Funktionsträger« benannt: Vizebürgermeister Hans Mayr war unser Kaplan, in verzweifelten Situationen zum Trösten prädestiniert, Brigitte Ederer war quasi unser Maskottchen, ihr hat dann ja auch Mock das berühmte Busserl auf die Wange gedrückt, Leopold Maderthaner war als Verpflegungsbeschaffer unersetzlich, Wolfgang Schüssel war der Generalsekretär des Unternehmens. Vorarlbergs Martin Purtscher war der Hüter des Föderalismus: Er wollte eine zehn Kilometer lange Grenzstrecke bei Hörbranz als Transitroute anerkannt und so vor schwerem Transitverkehr geschützt wissen. Jedes Mal, wenn Mock von einer Verhandlung mit den anderen Außenministern zurückgekommen ist, hat Purtscher sich auf ihn gestürzt: »Ist über den Hörbranz-Transit schon gesprochen worden?« Mock musste jedes Mal verneinen, Purtscher war dann jedes Mal enttäuscht. Schüssel gab ihm zuletzt den Rat, er solle vom »listen fire transit« (»Hör-brand-Transit«) sprechen, das würde seiner Forderung Nachdruck verleihen.

Die Erleichterung nach unserer Rückkehr um fünf Uhr früh an jenem 2. März war fast in ganz Österreich so groß wie in unserer Delegation. Wir haben deshalb am 12. Juni 1994, dem Tag der Volksabstimmung über den österreichischen Beitritt zur Union, ein zwar positives Resultat erwartet, aber ein knappes. Dass es dann sogar eine Zweidrittelmehrheit wurde, hatte wohl auch mit der überzogenen Kampagne der Gegner zu tun. Insbesondere Jörg Haider hat sich unglaubwürdig und lächerlich gemacht, als er prophezeite, als EU-Mitglied müssten wir mit Läusen im Jogurt rechnen; oder dass wir im Geheimen während der Verhandlungen eine Wasser-Pipeline nach Spanien zugesagt hätten; oder dass demnächst fremde Lieferwagen unsere Goldvorräte aus der Nationalbank abtransportieren würden. Letztlich ist das doch den meisten Menschen zu Recht als Unsinn erschienen.

EU-Werber vor der Volksabstimmung

Ich habe bei zahllosen Veranstaltungen im ländlichen Raum einen Beitrag zu einem positiven Ergebnis der Volksabstimmung zu leisten versucht. Es ging darum, den Bauern zu erklären, was der Beitritt für sie konkret bringen werde. Ich hatte 20 Bauernhöfe in verschiedener Größe und Lage mit dem Einverständnis der Besitzer als Modell in allen Details darstellen lassen: Um wie viel wird der Preis für jeden sinken, wie viele Ausgleichszahlungen wird jeder bekommen, wie soll der Bauer auf die geänderten Verhältnisse reagieren? So konnte jeder Bauer für sich einschätzen, was der EU-Beitritt für ihn bedeuten würde. Die erste große Debatte fand eine Woche nach unserer Rückkehr aus Brüssel in der Steiermark statt, in einem riesigen Gasthaussaal. Alle 700 Sitzplätze waren belegt, zusätzlich drängten sich noch 400 stehende Zuhörer im Saal, dazu standen noch dutzende Menschen unter den geöffneten Fenstern.

Kurz vor der Abstimmung organisierte der ORF eine Serie von Europaforen mit dem Moderator Walter Schiejok. Am Podium saß ich neben Minister Lacina, dazu noch Alois Huber von der FPÖ und ein Vertreter der Bergbauern. Die Stimmung war ungeheuer emotional, es wurde gebuht und geklatscht. Anfangs gab es mehr Gegner als Befürworter im Publikum, danach war es umgekehrt. Befragungen haben ergeben, dass allein diese Sendung die Zahl der Ja-Stimmen angeblich um drei Prozent erhöht hat.

Der beste Koalitionsgeist

Nie zuvor und danach hat sich in der großen Koalition solch ein positiver Geist entwickelt wie rund um die Volksabstimmung. Noch am Morgen des 12. Juni haben wir mit einer nur knappen Mehrheit für ein Ja gerechnet. Umso größer war am Abend unsere Freude, als das Ergebnis bekannt gegeben wurde. Wir alle hatten das Gefühl, an einer historischen, positiven Entscheidung für Österreich mitgewirkt zu haben. Nur so ist beispielsweise zu erklären, warum Busek bei der Siegesfeier der SPÖ übermütig die Internationale mitgesungen hat – eine Episode, die ihm und der ÖVP bei der Nationalratswahl im Herbst schadete.

Haiders FPÖ konnte in einer Art Ausgleichswahl von SPÖ wie ÖVP beträchtlich Stimmen gewinnen – vor allem durch die von ihm geschickt geschürte und genutzte Privilegiendebatte. Vranitzky und Busek waren sich einig: Die beste Methode gegen ihn wäre das »Nicht einmal ignorieren«, beide legten sich schon vor der Wahl auf eine Fortführung der großen Koalition fest, was Haider in die Hände spielte. Die FPÖ hat in ländlichen Gebieten von der ÖVP gewonnen, in den städtischen von den Sozialdemokraten. Auch ich habe beim Wahlkampfeinsatz in Tirol die negative Stimmung gespürt. Unsere Leute waren vor allem wegen der Transitfrage schon länger gegenüber der EU am negativsten eingestellt, in Tirol gab es auch das schlechteste Resultat beim Referendum. Das schlechte Wahlergebnis der Regierungsparteien, insbesondere der Volkspartei, hat zwar noch nicht das Ende der großen Koalition eingeläutet, wohl aber das Ende der Ära Busek in der ÖVP. Ein halbes Jahr später ist er als Obmann von Wolfgang Schüssel abgelöst worden, da war ich aber schon als EU-Kommissar in Brüssel. Ich bin zwar noch im Oktober in den Nationalrat gewählt worden, im November aber als Minister zurückgetreten.

5

Die erste Periode als EU-Kommissar
1995–1999

Dass ich für eine europäische Funktion im Gespräch sei, habe ich das erste Mal von Erhard Busek gehört. Bald nach der Abstimmung über den österreichischen EU-Beitritt, war schon bekannt, dass der damalige Ministerpräsident von Luxemburg, Jacques Santer, der neue Präsident der EU-Kommission werden solle. Santer war beim EU-Gipfel im Juni als Kommissionspräsident designiert worden und ging danach bei einem Treffen der Europäischen Volkspartei auf den als Parteiobmann fungierenden Busek zu. Er hat ihm mitgeteilt, er suche noch einen Agrarkommissar für seine künftige Riege – und er denke dabei an mich. Er könne sich nur noch zwei andere österreichische Christdemokraten in seinem mehrheitlich sozialdemokratischen Team vorstellen, Erhard Busek selbst für die Wissenschaft und Wolfgang Schüssel für den Wirtschaftsbereich; Busek war aber als Spitzenkandidat angesichts der kommenden Wahl unabkömmlich und Schüssel zeigte kein besonderes Interesse an einer solchen Funktion.

Santer kannte mich zwar nicht persönlich, hatte aber von mir gehört, und zwar durch seinen späteren Kabinettschef Jim Cloos. Der war wiederum vorher Kabinettschef beim damals noch unter dem legendären Jacques Delors amtierenden Agrarkommissar, dem Luxemburger René Steichen, und kannte mich durch unsere Verhandlungen in Brüssel gut. Er hatte Santer auf die Idee gebracht, man könne dieses wichtige Amt eigentlich einem Österreicher anvertrauen, obwohl das für ein noch dazu kleines Newcomer-Land ein ungewöhnlich großes Portfolio war. Freilich nur unter der Bedingung, dass ich der Ausgewählte sei, weil man mich als Experten kenne und schätze. Das hat Busek gut ins Konzept gepasst – schließlich war es ja nicht ausgemacht, dass die ÖVP als kleinere Koalitionspartei den Kommissar stellen könne. Busek hat dann zuerst vertraulich mit Franz Vranitzky gesprochen, der sein mögliches Einverständnis signalisierte, nicht zuletzt deshalb, weil er seinen einzigen in Brüssel durchsetzbaren Kandidaten, Ferdinand Lacina, nicht als Finanzminister verlieren wollte – und dann erst mit mir.

»Mich kannst du vergessen!«

Ich habe zuerst abgewunken: »Mich kannst du vergessen!« Ich habe insbesondere auf meine sprachlichen Grenzen verwiesen: Ich hatte in der Schule ausschließlich Englisch als lebende Fremdsprache. Und auch das mehr schlecht als recht: Mein Englischlehrer war ein alter Pater, der darauf stolz gewesen war, nie in seinem Leben in ein englischsprachiges Land gereist zu sein. Unser Englischunterricht war genau genommen eine Farce. Wir haben nicht einmal Hefte geführt.

Busek hat mir aber sofort gekontert: »Das ist eine einmalige Chance, die du dir nicht entgehen lassen kannst. Niemand würde verstehen, wenn du nein sagst.« Ich habe um Bedenkzeit ersucht. Gleich darauf hat Santer bei Busek angerufen und um eine definitive Entscheidung gebeten, Busek hat ihm zugesagt, mich rasch überzeugen zu können. Das ist ihm auch gelungen. Mein Bauchweh ist zwar bis in den Herbst geblieben, aber ich habe eingesehen, dass ich auch innenpolitisch Probleme bekäme, falls ich endgültig ablehnen würde. Außerdem ist mir natürlich auch immer stärker die Faszination des Angebotes klar geworden.

Natürlich habe ich diese Entscheidung auch mit meiner Familie intensiv diskutiert. Resultat: Ob ich nach Brüssel gehe oder weiter als Minister in Wien fungiere, mache keinen großen Unterschied. Ich bliebe auf jeden Fall ein Wochenendpendler, und ob nun die Reisezeit zwei oder vier Stunden betrüge, würde meine Zeit, die ich zu Hause zubrächte, nicht entscheidend verkürzen.

Als Erstes habe ich mir im Sommer 1994 die mögliche Zusammensetzung meines Kabinetts überlegt. Ich bin bald auf Corrado Pirzio-Biroli als dessen idealen Leiter gekommen. Er war damals noch Botschafter der EU in Österreich. Er hatte in der Kampagne vor der Volksabstimmung eine ganz wesentliche Rolle gespielt. Mir war bekannt, dass er eine baldige Rückkehr nach Brüssel plante und ein Eintritt in mein Kabinett für ihn keinen Karriererückschritt darstellte, im Gegenteil. Zufall oder nicht: Noch ehe ich mit ihm darüber sprach, lud er mich im Sommer zu sich nach Hause in das Friaul ein. Ich musste ihm aber versprechen, ihn dort nicht – wie in Österreich üblich – mit »Herr Botschafter« anzureden, weil seine Mutter dann in schallendes Gelächter ausbrechen würde. Die Familie seiner Mutter, eine geborene von Hassel, hatte übrigens eine besonders dramatische Geschichte hinter sich: Sie war von der SS verschleppt worden, weil sich ihr Vater im Widerstand rund um den 20. Juli 1944 gegen Adolf Hitler engagiert hatte und dafür in Berlin-Plötzensee hingerichtet wurde. Ihre beiden Söhne waren in Absam in ein Nazi-Kinderheim gesteckt und bereits zur Adoption freigegeben worden, als in den letzten Kriegstagen die Großmutter sie durch Zufall wiederfand. Corrado Pirzio-Biroli war also schon in meinem Heimatdorf gewesen, bevor ich überhaupt auf die Welt kam.

Unser Treffen im Friaul glich dann ein wenig einem Hase-und-Igel-Spiel: Es stellte sich nämlich bald heraus, dass er wusste, dass ich Kommissar werden solle, und dass er genau an jenem Posten interessiert war, den ich ihm anbieten wollte.

Um Pirzio-Biroli das neue Kabinett

Wir haben uns entsprechend rasch geeinigt, ich war extrem froh darüber, schließlich benötigte ich zuallererst jemanden, der sich im Brüsseler Getriebe gut auskannte und dem ich vertrauen konnte. In Österreich hatte ich anfangs deswegen Probleme, manche haben mir übel genommen, keinen Landsmann für diese zentrale Position ausgewählt zu haben. Mir war aber klar: Agrarexperte bin ich selber, ich benötige jedoch einen absoluten Insider der EU-Kommission. Mit Corrado war ich mir bald einig: Wir wollten ein wirklich internationales Kabinett zusammenstellen, mit den besten Leuten, die wir finden konnten. Das war für uns auch deshalb von allergrößter Bedeutung, weil die Kabinette der Kommissare eine wesentlich wichtigere Rolle spielen als ein Ministerbüro in Österreich. Sie sind die Drehscheibe zwischen der politischen und der Verwaltungsebene, bereiten alle Entscheidungen der Kommission vor und fungieren auch als politische Berater für den jeweiligen Kommissar.

In meinem ersten Kabinett arbeitete der deutsche Rudolf Strohmaier als Vizekabinettschef und der Brite John Bensted-Smith – beide konnten schon im Kabinett des Bayern Peter Schmidhuber reichlich Erfahrung sammeln –, dann der Franzose Jacques Burtin, den ich von meinem Vorgänger übernahm, als Pressesprecher fungierte Gerard Kiely, der diesen Job schon für den legendären Kommissar McSharry ausgeübt hatte, und drei Österreicher: Christine Kaul, Michael Erhart und Kurt Cowling.

Im Sekretariat hatten wir österreichische, deutsche und vor allem auch belgische Sekretärinnen, die Chauffeure kamen aus Luxemburg und Holland. Bald hat sich herausgestellt: Dieser internationale Mix aus großteils sehr erfahrenen MitarbeiterInnen war ein wesentlicher Teil meines Erfolges, auch wenn anfangs ein paar Landsleute beleidigt waren, die sich selbst Chancen ausgerechnet hatten, im Kabinett zu arbeiten. Später, in meiner zweiten Kommissionsperiode, wurde mein Konzept dann sogar zum verpflichtenden Prinzip für alle Kolleginnen und Kollegen. Jeder Kommissar musste einen wesentlichen Teil seiner Kabinettsmitglieder aus einem anderen Herkunftsland holen.

Dann bin ich mein nächstes Problem angegangen: Nach meinem Ausscheiden aus der Regierung im November flog ich zu einem vierzehntägigen Englisch-Crashkurs nach Malta. Ich war selbst überrascht, wie sehr es mir »getaugt« hat, quasi wieder auf der Schulbank zu sitzen. Ein entscheidender Durchbruch, später in Brüssel habe ich aber noch monatelang Englischstunden belegt. Zudem war es hilfreich, dass ich gezwungen war, mit meinen Mitarbeitern ständig englisch zu reden, weil mein irischer Pressesprecher, aber auch der Großteil der Beamten kein Wort Deutsch sprachen. Mit »meinen« zwei Sprachen, Deutsch und Englisch, bin ich in den zehn Jahren in Brüssel gut durchgekommen. Früher war Französisch noch stärker verbreitet, heute ist es weit wichtiger, Englisch zu beherrschen. Von den derzeitigen 25 Kommissaren können meines Wissens nach weniger als die Hälfte Französisch, aber alle Englisch.

Bei der Wohnungssuche beinahe abgestürzt

Im Dezember 1994 ging es dann an die letzten Vorbereitungen für meine Übersiedlung nach Brüssel. Bei der Wohnungssuche wäre ich einmal beinahe im wahrsten Sinne des Wortes abgestürzt. Ich habe mir zahlreiche Appartements angesehen – es gibt in Brüssel stets ein großes Angebot und die Vermittlungsgebühr für den Makler zahlt der Vermieter, nicht der Wohnungssuchende. An einem Freitagnachmittag wollte ich für eine Besichtigung in einem kleinen Aufzug mit dem Makler, meiner Sekretärin und einer weiteren Person in einem Mietshaus in den fünften Stock fahren. Plötzlich wurde der Aufzug immer langsamer, fing zu quietschen an und fuhr statt nach oben wieder nach unten, immer schneller. Gott sei Dank gab es offenbar eine Notbremse, es gab einen Knall, wir wurden unsanft auf den Boden gedrückt, wie bei einem Sprung von etwa zwei Metern Höhe. Teile der Decke stürzten auf uns, der Spiegel zersplitterte, wir rangen in einer Staubwolke nach Luft. Wir steckten zwischen zwei Stockwerken fest und auf unsere Rufe hat niemand geantwortet. Schließlich konnte ich mit einer Nagelfeile den Türriegel so weit zurückschieben, dass sich die Tür öffnen ließ und wir aus der Kabine klettern konnten. Auf diese Wohnung habe ich dann gerne verzichtet und bald darauf eine andere gemietet, sehr schön, aber ziemlich teuer.

Ich bin bald in eine andere Wohnung umgezogen, insgesamt habe ich in meiner Zeit als Kommissar in drei verschiedenen gewohnt, immer in der Nähe des Kommissionsgebäudes, sodass ich zu Fuß ins Büro gehen konnte, speziell morgens ist Brüssel ja ein einziger Stau. Zuletzt fand ich eine perfekte Wohnung: Direkt gegenüber dem Kommissionsgebäude, noch dazu mit dem in Brüssel für Singles möglichen Service, bei dem von der Wohnungs- bis zur Wäschereinigung alles organisiert wird.

Relativ leichte Integration in Brüssel

Das war nicht die einzige Annehmlichkeit in Brüssel: Die »international community« ist von einer großartigen Basishilfsbereitschaft geprägt, ihre Mitglieder bieten den Neuankömmlingen unaufgefordert sehr rasch ihre Unterstützung an. Ein Beispiel von vielen: Als ich einmal in einem Supermarkt an der Kassa feststellen musste, dass ich meine Geldbörse daheim vergessen hatte und der ausschließlich französisch sprechenden Kassiererin, die meine Posten schon in die Kassa eingetippt hatte, mein Missgeschick nicht richtig erklären konnte, streckte mir eine Frau, die ich gar nicht kannte, aber sie mich, sofort das Geld vor. Unter solchen Bedingungen habe ich mich in Brüssel rasch gut eingelebt, es schien mir auch einfacher, als es für die meisten Diplomaten in fremden Ländern ist, weil die üblichen Antrittsbesuche nicht nötig sind: Kommissionsmitglieder und -mitarbeiter sind ja nicht Lobbyisten eines Landes, die bei anderen Diplomaten oder bei offiziellen Institutionen des Landes vorstellig werden müssen, sondern eben Mitarbeiter der EU, die für gemeinsame europäische Agenden tätig sind.

Dieses Verständnis war in Österreich bisweilen schwer kommunizierbar: Auch in einigen Medien wurde ich ausschließlich als Repräsentant Österreichs in der Kommission angesehen, als Lobbyist unseres Landes, als eine Art Oberbotschafter Österreichs bei der EU. Das entsprach überhaupt nicht der Realität: Jeder Kommissar, der »seine nationale Flagge« aufzieht, hat allein schon deshalb verloren. In der Kommission bedarf es für normale Beschlüsse nur der einfachen Mehrheit, man muss also permanent sachliche Lösungen suchen und dafür ohne nationale Frontstellungen Mehrheiten finden. Speziell wenn man so ein großes Aufgabengebiet hat wie ich in der Landwirtschaft – mehr als 40 Prozent des gesamten EU-Budgets sind dort zu verteilen –, kann man sich nicht nur um sein eigenes Land kümmern, sonst bringt man in seinem Ressort überhaupt nichts weiter.

Frust in Österreich

Den österreichischen Bauern war das bei manchen nötigen Reformen bezüglich der europäischen Landwirtschaft schwer beizubringen, viele von ihnen betrachteten mich als ihren obersten Interessenvertreter in Brüssel. Da hat es oft geheißen: »Der Fischler ist ja kein Österreicher mehr, sondern ein Europäer.« Oder daheim: »Der Franz ist kein Tiroler mehr, sondern ein Brüsseler.« Ich bin daher gleich im ersten Jahr besonders oft nach Wien gefahren und habe angeboten, in Österreich die Funktionsweise der EU und meine eigene Tätigkeit besser zu erklären. Der damalige Parlamentspräsident Heinz Fischer hat das verstanden und mir Räumlichkeiten in der Schenkenstraße zur Verfügung gestellt, die Industriellenvereinigung hat mir eine Mitarbeiterin bezahlt, Imma Baumgartner; wir konnten mit geringen finanziellen Mitteln viel leisten, aber alle Leute zu überzeugen war nicht möglich – ist es aber auch in anderen Ländern nicht. Ich habe mir dann gesagt: Okay, in Österreich jammern eben einige besonders gerne, ich muss mich daran gewöhnen und dennoch versuchen, auf europäischer Ebene etwas weiterzubringen.

Diese Diskrepanz zwischen meinen wachsenden Erfolgen auf europäischer Ebene und der fast ebenso wachsenden Skepsis einiger Landsleute ist natürlich auch auf innenpolitischer Ebene geschürt worden: Die Haider-Partei hat mich gezielt zum Buhmann erkoren, manche ihrer Propagandisten haben mich als Vaterlandsverräter oder als Judas von Tirol beschimpft. Ich habe zwar nicht darunter gelitten – ich glaube nicht, dass ich besonders dünnhäutig bin –, aber geärgert hat mich das bisweilen sehr. Ich fresse meine Wut auch nicht in mich hinein, sondern mache mir rasch mit einem reinigenden Gewitter Luft. Oft habe ich selbst oder meine Mitarbeiterin hat Journalisten damit konfrontiert, dass sie offensichtliche Unwahrheiten über die EU verbreiteten, bewusst oder unbewusst, manchmal konnte ich damit eine künftige Desinformation verhindern, aber nicht immer. Wenn ich den Eindruck hatte, total unfair behandelt zu werden, verbrachte ich manche schlaflose Nacht mit dem Gedanken: »Das ist unfair, eine Schweinerei, was man sich alles gefallen lassen muss.« Auf die Regierung konnte ich damals nicht besonders viel bauen, die hatte ihre eigenen, immer größer werdenden Schwierigkeiten. Und auch in der eigenen Partei konnte ich eigentlich nur auf meine alten Freunde zurückgreifen, in erster Linie auf Molterer, Busek und Schüssel.

Die Wende in der ÖVP

In meine ersten Monate als Kommissar fiel auch die entscheidende Wende in der Volkspartei. Nach dem Misserfolg bei der Wahl am 9. Oktober 1994 – die ÖVP stürzte von 32,1 auf 27,7 Prozent ab –

tröstete es wenig, dass die SPÖ noch mehr verlor und von 42,8 auf 34,9 Prozent absackte. Haider war es gelungen, trotz seiner schweren Niederlage bei der EU-Volksabstimmung innenpolitisch zu punkten, vor allem mit der Privilegiendebatte. Vranitzky und Busek waren sich einig gewesen, ihn nicht einmal zu ignorieren, das war zunehmend ein Fehler. Als Konsequenz daraus hat sich Busek im Wahlkampf auf die Weiterführung der großen Koalition festgelegt (»ohne Wenn und Aber«), das hat Haider zusätzlich genutzt. Vor allem bei meinen regelmäßigen Wochenendaufenthalten in Tirol musste ich feststellen, dass die Skepsis der Menschen gegenüber der EU weiter wuchs, vor allem wegen der Transitbelastung. Dazu sind zu allem Überfluss immer wieder in Tirol bayrische »Untergangspropheten« aufgetaucht und haben das gemacht, was die Bayern auch heute noch am liebsten tun: über die EU zu schimpfen.

Das schlechte Wahlergebnis im Oktober 1994 habe ich also noch direkt miterlebt. Weniger direkt dagegen die parteiinternen Folgen. Ich habe jedenfalls aus Brüssel und aus Tirol gesehen, wie Busek sein gesamtes verbliebenes Prestige dafür verwendete, Wolfgang Schüssel zum Nachfolger zu küren, ohne Busek wäre Schüssel nie Parteiobmann geworden. Es ging um eine echte Weichenstellung, auch um eine Art Flügelauseinandersetzung. Busek ist schon seit seiner Wiener Zeit als »bunter Vogel« von manchen ÖVP-Kreisen scheel angesehen worden, zu liberal, zu grün, zu koalitionstreu. Von diesen konservativen Kreisen ist auch der Auftritt Buseks im Parteizelt der SPÖ ausgeschlachtet worden, als er am Abend der EU-Volksabstimmung die »Internationale« mitgesungen hat. Nach der Wahlniederlage sind über Busek die alten Klischees verbreitet worden: zu intellektuell, zu obergescheit, zu wenig volksnah, zynisch, unverlässlich. Er hat jedoch seine Leute nie dagegen in Stellung gebracht, auch seine Freunde nicht, auf die er sich wirklich verlassen konnte: Neben mir als Hauptstützpunkt im Bauernbund damals eben Wolfgang Schüssel, Maria Schaumayer, bis zu einem gewissen Grad die Steirer um Josef Krainer, die Kärntner um Christof Zernatto, Teile des Wirtschaftsbundes um Leopold Maderthaner, Teile des Bauernbundes um Wilhelm Molterer; sicher nicht Erwin Pröll oder Wendelin Weingartner oder der ÖAAB.

Busek hat sich immer sehr selbstbewusst als Einzelkämpfer verstanden, hat versucht, die Partei nicht in aus seiner Sicht falsche

Bei einer FAO-Tagung in Rom: In der Food and Agriculture Organization, einer Sonderorganisation der UNO, hat die EU eine wichtige Stimme.

Eine Audienz bei Papst Johannes Paul II. in Rom

Internationale Politik: mit Edmund Stoiber, Jacques Chirac, Jacques Santer …

... bei Verhandlungen in Indien ...

... und beim Holzschneiden in Finnland anlässlich des informellen Rates

Das Tulpenjubiläum im Schloss Schönbrunn in Wien

In Ungarn

In Australien

Hände fallen zu lassen. Das bezog sich vor allem auf Klubobmann Andreas Khol, der für eine klar konservativ ausgerichtete Linie stand, mit all dem, was in Österreich dazugehört. Alois Mock stand dazwischen: Er machte sich um die ÖVP große Sorgen, stand Busek aber nie sehr nahe. Busek hat auch Schüssel gegen konservative Kritiker immer in Schutz genommen, schließlich hatte er ihn ja früher im ÖVP-Klub und im Wirtschaftsbund zu seinem Nachfolger gemacht. Was damals nicht zur Debatte stand, war, was Mock in der Vergangenheit mehrfach jeweils vergeblich versucht hatte: Ein Koalitionswechsel von der SPÖ zur FPÖ. Nachdem Busek sich auf Schüssel festgelegt hatte, habe auch ich mich massiv für ihn eingesetzt. Erwin Pröll als Leiter der offiziellen Kandidatenfindungskommission hat eigentlich keine wirkliche Rolle gespielt, der von ihm auserkorene Kandidat Rektor Johannes Hengstschläger war weniger als eine Episode in der Parteigeschichte.

Keine Alternative zu Schüssel

Beim entscheidenden Parteivorstand war ich ebenso in Wien wie beim anschließenden Parteitag Ende April 1995, an dem Wolfgang Schüssel offiziell zum neuen Parteiobmann gewählt wurde. Die vorangegangene entscheidende Vorstandssitzung ist so verlaufen wie viele andere auch: Was nicht gesagt wird, ist fast noch wichtiger als das, was gesagt wird. Busek hat Schüssel, der gerade als Wirtschaftsminister in China war, als Nachfolger vorgeschlagen und das auch begründet. Pröll hat nur gesagt, darüber müsse man noch nachdenken und in der Kommission diskutieren; die Differenzen sind in keiner Weise ausgetragen worden. In der Kommission hat Schüssel schließlich, ohne anwesend zu sein, eine klare Mehrheit erzielt, ebenso klar wurde er dann am Parteitag gewählt. Was er damals angekündigt hatte, erreichte er fünf Jahre später. »Ich will mit eurer Hilfe Bundeskanzler werden.«

Ich war damals wie später davon überzeugt: Es gibt in der ÖVP keinen Besseren als Schüssel, vor allem, was die Paarung intellektueller Fähigkeiten mit taktischem Geschick angeht. Damals war vielen in der ÖVP aber noch nicht ganz klar, welche Entwicklungsperspektiven es mit ihm gibt, dass er auch medial besser ankommen wird als Khol, jedenfalls besser als Hengstschläger. Sein deklariertes Wiener-Sein war jedenfalls kein Nachteil: Die Volkspartei hatte schon damals in der Bundeshauptstadt viel an Bedeutung verloren. Daher war es wichtig, dagegen auch personell ein Zeichen zu setzen. Schüssels größter Nachteil war anfangs sicher, dass er als Busek-Mann galt. Viele Skeptiker hat er mit seiner brillanten Rede auf dem Parteitag überzeugt: Er hat begonnen mit dem Satz: »Freunde, so etwas darf nie mehr passieren.« Er hat damit die vielfältigen persönlichen Verletzungen angesprochen und die Empfindungen vieler Funktionäre auf den Punkt gebracht. Mag sein, dass diese empathische Eigenschaft, die Fähigkeit, sich in andere hineinzuversetzen, auch Verdienst seiner Frau Gigi ist. Meine positive Sicht seiner Fähigkeiten und unsere Freundschaft änderten sich auch nicht, als ich seinen Schritt im Jahr 2000, eine Koalition mit der FPÖ zu bilden, nicht goutierte, weil ich in Brüssel mitbekam, welch negatives Image sich insbesondere Jörg Haider in Europa eingehandelt hatte. Die spätere Entwicklung hat meine Skepsis bestätigt. Ich hatte und habe meine Auffassungsunterschiede mit Schüssel stets offen ausgetragen, ohne dass deshalb zwischen uns persönlich »bad feelings« entstanden wären, das muss eine Freundschaft aushalten.

1996: Die erste BSE-Krise

Meine erste Funktionsperiode als EU-Kommissar war sehr stark von der ersten BSE-Krise geprägt. Ich war in der Sonderkommission für die gesamten veterinären, phytosanitären und lebensmittelpolizeilichen Fragen zuständig. Im März 1996 hat mich der britische Landwirtschaftsminister, Douglas Hogg, angerufen und mir mitgeteilt, dass er leider ins Unterhaus gehen und mitteilen müsse, dass die bisherige britische Regierungsposition, wonach BSE auf den Menschen nicht übertragbar sei, nicht mehr zu halten wäre. Ich stand damit erstmals so richtig im europäischen Rampenlicht und hatte die ersten schwerwiegenden Entscheidungen zu treffen. Sehr wohl war mir dabei nicht, vor allem nachdem in den folgenden Tagen in Großbritannien Wissenschaftler zitiert wurden, die behaupteten, dass bereits mehr als 100 000 Menschen den tödlichen Keim in sich trügen. Ich hatte schon bald nach meiner Bestellung zum Kommissar damit begonnen, regelmäßige Strategiebesprechungen mit meinen Experten aus der Generaldirketion Landwirtschaft abzuhalten. Bei einer solchen Besprechung im Dezember 1995 hatte mir der spanische Vizegeneraldirektor, der meistens schneller gesprochen als gedacht hat, versichert, dass die britischen BSE-Fälle bei den Rindern dadurch entstanden seien, dass ihnen Schafsköpfe zugefüttert worden waren, die von der seit Jahrhunderten existierenden Scrapie-Krankheit befallen waren. Niemals in all diesen Jahrhunderten sei ein Mensch daran erkrankt, daher werde sich auch kein Mensch mit BSE infizieren. Ich hatte damals den Auftrag gegeben, einen Plan zu entwickeln für den Fall, dass sich diese These als falsch herausstellen sollte. Nach der Ankündigung im britischen Unterhaus und dem darauf folgenden öffentlichen Aufschrei gab es in Großbritannien plötzlich gegenteilige Verdachtsmomente und die führenden Wissenschaftler wurden ersucht, Studien voranzutreiben, die man vorher zurückgestellt hatte. Zu diesem Zeitpunkt hat noch niemand gewusst, unter welchen Bedingungen sich ein Mensch anstecken könne und was man gegebenenfalls dagegen unternehmen sollte. Am Wochenende nach dieser beunruhigenden Meldung habe ich dann zufällig im Flugzeug den Innsbrucker Universitätsprofessor Wick getroffen, der mich an Professor Weissmann, einen Spezialisten in Zürich, verwies, seiner Meinung nach einer der besten Prionenforscher auf der Welt und früher Mitglied jenes von einem amerikanischen Kollegen geleiteten Teams, das für die Entdeckung der Prionen den Nobelpreis bekommen hatte. Diesen Experten aus der Schweiz haben wir nach Brüssel eingeladen. Ich habe von ihm ein Konzept für ein Forschungsprogramm erbeten und ihn gefragt, welche Sofortmaßnahmen man ergreifen müsse.

Er ist gekommen und hat uns gesagt: Das kürzeste Forschungsprojekt, das er vorzuschlagen habe, dauere fünf Jahre, das längste fünfzehn. Das hatte ich mir nicht so vorgestellt, ich wollte aber auch nicht resignieren, sondern führte mit ihm noch ein sehr gutes Gespräch. Er hat mir einige einfache, zentrale Dinge klar gemacht, unter anderem, dass sich Prionen schwerpunktmäßig nur in ganz bestimmten Geweben befinden. Das Wichtigste sei daher, diese Gewebe prophylaktisch zu entfernen und so zu entsorgen, dass sie nicht mehr in die Nahrungsmittelkette zurückkommen können. Das Verhältnis zwischen der Konzentration von Prionen im Muskelfleisch und jener im Gehirn liege bei einem befallenen Rind bei 1 : 100 Millionen. Des Weiteren machte er mir klar, dass neben der Fütterung von infiziertem Material auch die Genetik eine Rolle spiele. Ich habe dann von den Briten einen ganzen Katalog von Maßnahmen verlangt. Dazu gehörte, dass britisches Rindfleisch in kein anderes Land exportiert werden dürfe. Die Briten meinten sofort, das komme nicht in Frage, ihr damaliger Premierminister John Major drohte mit einer Politik des leeren Stuhles: jener von Charles de Gaulle erstmals angewandten Methode, durch Abwesenheit in wesentlichen Gremien die Entscheidungsfähigkeit der Union zu lähmen. Sie haben das auch probiert, aber nur vierzehn Tage durchgehalten. Dann wurde wieder hart, aber ernsthaft verhandelt.

Der britische Minister mit Tränen in den Augen

Die eine umstrittene Sache blieb das Exportverbot, die andere die Forderung, dass Rinder, die beim Schlachten älter als 30 Monate gewesen waren, nicht auf den Markt gebracht werden dürften, auch nicht in Großbritannien. Und drittens müssten auch bei jüngeren geschlachteten Rindern vorsichtshalber bestimmte Gewebe entfernt werden. Darüber hinaus haben wir eine Art Ausmerzprogramm vorgeschlagen: In jeder Rinderherde, in der ein Krankheitsfall auftritt, müsste genau nachgeprüft werden, wo das Tier geboren und aufgewachsen ist und mit welchen anderen Rindern es in Kontakt getreten ist. Dann müsse nicht nur die gesamte Herde, sondern es müssten auch alle Kontaktherden getötet werden. Dieses Programm ist dann bei einem EU-Rat Ende März 1996 verhandelt worden, entsprechend lang und hart. Die Italiener hatten damals die Präsidentschaft inne, der Beitrag ihres den Vorsitz führenden Ministers beschränkte sich darauf, dass er alle zwei Stunden erschien und seine Heimfahrt ankündigte. Dennoch habe ich am Ende nach drei Tagen und zwei Nächten Verhandlungen einen Konsens über das Maßnahmenpaket erzielt; der britische Minister hat mir um etwa vier Uhr früh mitgeteilt, er persönlich würde den modifizierten Katalog unterschreiben, müsse zuvor aber noch seinen Regierungschef benachrichtigen. Nach zwei Stunden ist er mit Tränen in den Augen zurückgekommen und hat berichtet, Major habe ihm die Unterzeichnung untersagt. Die anderen Minister haben alle dem Paket zugestimmt – und zu meiner eigenen Überraschung musste kein einziger Punkt des damals beschlossenen Paketes später zurückgenommen werden.

Die BSE-Krise war zudem ein wesentliches Kapitel, das den Sinn der Union klar machte. Ohne die EU hätten die Briten versucht weiter zu exportieren. Einzelne Staaten hätten dann wohl nationale Importverbote erlassen, es wäre zu Dreiecksgeschäften und zu entsprechenden Problemen bei der Kontrolle gekommen. Man hätte auch in Großbritannien selbst wesentlich größere Schwierigkeiten gehabt, die Epidemie in den Griff zu bekommen, das Risiko, weiter verseuchtes Fleisch und Knochenmehl in Umlauf zu haben, wäre unabwägbar gewesen. Durch die EU gab es ein viel besseres Kontrollniveau: Nachdem die Briten versichert hatten, Knochenmehl werde nicht mehr zur Tierfütterung verwendet, verlangte ich vom britischen Minister eine Garantie. Plötzlich hat der dann Ende März gesagt, er könne diese erst für den kommenden Juni abgeben. Außerdem hatten die Briten bis dahin nicht einmal ein nachprüfbares System zur Rinderidentifizierung, man wusste teilweise nicht immer, welche Kuh welche ist. Das alles konnte nur mit Hilfe der Gemeinschaftsvorschriften geändert werden.

Der wahre Grund für den Ausbruch der BSE-Epidemie in Großbritannien geht eigentlich auf Margaret Thatcher zurück: Die »eiserne Lady« hatte bei ihrem ideologisch bedingten Kreuzzug, alles zu privatisieren und zu deregulieren, auch den öffentlichen Tiergesundheitsdienst in Großbritannien abgeschafft; es hat also keine Amtstierärzte mehr gegeben und die Zahl der Tierärzte ist unter Thatcher insgesamt dramatisch zurückgegangen. Gleichzeitig hatte Thatcher auch verfügt, dass die Industrie selbst die Normen für die Sicherheit von Knochenmehl festlegen dürfe. Die erste Maßnahme der Industrie: Sie senkte die Temperatur, die Behandlungsdauer und den Druck für die Herstellung von Fleisch und Knochenmehl, weil damals die Existenz von Prionen noch gar nicht bekannt war – eine fatale Entscheidung, wie sich später herausstellen sollte. Auch später hat man die Resistenz der Prionen immer wieder unterschätzt, hat geglaubt, sie mit den Erfordernissen zur Abtötung von Viren gleichsetzen zu können. Wie man heute weiß, war das eine gefährliche Täuschung.

Erster Anlauf zur Agenda 2000

Die erfolgreiche Eindämmung der ersten BSE-Seuche war meine erste Bewährungsprobe. Weitere Vorhaben waren weniger spektakulär: Eine Verlängerung der Weinmarktordnung, einige Änderungen im Obst- und Gemüsesektor. Dann kam das nächste wirklich große Projekt, die Vorbereitung der so genannten Agenda 2000. Im Prinzip ging es um die so genannte finanzielle Vorschau, also um die Budgetplanung für die Periode zwischen 2000 und 2007. In deren Rahmen sollten auch die nötigen Reformen in der Agrarpolitik und in der Strukturpolitik durchgesetzt werden. Im engeren Bereich der Agrarpolitik habe ich vorgeschlagen, die Garantiepreise für Getreide und Rindfleisch weiter abzusenken, um das Ausmaß der Intervention und der Exportsubventionen beim Getreide zu verringern und beim Rindfleisch die Intervention überhaupt abzuschaffen. In all diesen Bereichen habe ich substanzielle Veränderungen erreicht. Nicht aber für die Milch. Auch hier hatte ich eine Reform vorgeschlagen, diese schlug jedoch fehl, sie wurde von den Franzosen, mit Jacques Chirac persönlich an der Spitze, »umgebracht«. Ich hatte zuvor den Agrarministern neben den Anpassungen bei Getreide und Rindfleisch auch eine große Reform des Milchsektors abgerungen, mit dem Ziel, auch im Milchbereich Direktzahlungen an die Produzenten einzuführen und dafür die Garantiepreise zu senken. Das hätte zwar kurzfristig mehr gekostet, schon mittelfristig aber die Kosten gesenkt: Es war ja längst abzusehen, dass es mit den gestützten Milchproduktenexporten und Interventionen für Butter und Magermilchpulver nicht so weitergehen könne. Der Gipfel der Regierungschefs in Berlin, unter dem damals neuen Bundeskanzler Gerhard Schröder, hat die Einigung der Agrarminister dann zunichte gemacht. Und zwar auf höchste Anregung hin, wie ich mich genau erinnere: Der französische Präsident Chirac hat die Debatte um die finanzielle Vorausschau mit der Feststellung eröffnet, man solle einfach die Reform der Milchmarktordnung verschieben, der Vorschlag koste zu viel Geld. Damit ist er im Interesse seiner landwirtschaftlichen Lobby leicht durchgekommen: Die Briten interessierten sich hauptsächlich für die Verlängerung ihres von Thatcher durchgeboxten Rabattes, also dafür, weiter relativ weniger Beiträge zahlen zu müssen als die anderen Länder, die südlichen Länder für die Förderungen im Rahmen der Strukturförderung und die Deutschen, Holländer, Schweden und Dänen für die Verbesserung ihrer Nettozahlerposition.

Europäischer Kuhhandel

Es ist das passiert, was in der Union leider viel zu oft passierte und wohl auch weiter passieren wird: ein von nationalen Interessen geprägter Kuhhandel. Die Briten waren zwar überhaupt nicht mit der Verlängerung der hauptsächlich den Franzosen zugute kommenden Agrarzahlungen einverstanden, haben aber nichts dagegen unternommen, um ihren Rabatt nicht zu gefährden. Der konservative Spanier José Aznar hat zu allem und jedem Nein gesagt, weil er die für sein Land überproportional hohen Strukturförderungen nicht gefährden wollte – sie sind schließlich auch entgegen den Absichten der anderen nur ganz wenig gekürzt worden. Und Schröder hat damals erstmals seine Cleverness bewiesen, indem er allen das Gefühl gab, dass sie sich in den zentralen Punkten durchgesetzt hätten – freilich um den Preis einer wirklich vernünftigen europäischen Lösung. Und um den Preis der Durchsetzung eigener Interessen: Die Nettozahlerposition der Deutschen wurde nicht verbessert, sie haben wie schon früher einen wesentlichen Teil der Rechnung für dieses Spiel beglichen.

Ein besonders wesentlicher Punkt: Ich hatte vorgeschlagen, dass von jenen Mitteln, die bisher hundertprozentig aus Brüssel bezahlt wurden, künftig ein Viertel aus nationalen Budgets zu kommen habe. Für die Bauern hätte sich dadurch überhaupt nichts verändert, nur für die Schieflage des Budgets: Die Franzosen zahlen bis heute viel weniger in den Agrartopf hinein, als sie herausbekommen, das ist eigentlich eine Art Franzosenrabatt. Entsprechend heftig haben sie gegen meinen Vorschlag getobt, entsprechend gering war seine Chance auf Durchsetzung. Obwohl die Deutschen zuerst groß posaunt hatten, ohne diese weit gehende Reform gehe gar nichts, hat Chirac bei einem deutsch-französischen Treffen im Elsass Schröder »weichgekocht«, die Finanzierungskonstruktion ist im Wesentlichen unangetastet geblieben. Ein anderer Vorschlag, nämlich die Zahlungen an einen einzelnen Betrieb nach oben zu deckeln, wurde wiederum von Tony Blair und Gerhard Schröder zu Fall gebracht, zum einen wegen der Einwände der britischen Großgrundbesitzer, zum anderen wegen der Empfindlichkeiten des SPD-Politikers gegenüber den früheren Angestellten der LPGs, der Landwirtschaftlichen Produktionsgenossenschaften in der ehemaligen DDR. Mit der Agenda 2000 ist aber wenigstens etwas längerfristig Wesentliches gelungen, nämlich die ländliche Entwicklungspolitik zu einem echten politischen Arm der gemeinsamen Agrarpolitik auszubauen.

Zum ersten Mal Selbstzweifel

Die Episoden während des Berliner Gipfels können als Beispiel für die unterschiedlichen Rahmenbedingungen zwischen meiner Tätigkeit in der österreichischen Bundesregierung und in der EU-Kommission dienen. Sie sind riesig, sowohl hinsichtlich der Aufgabenstellung als auch der politischen Kultur. Mir sind Selbstzweifel gekommen, ich habe mich erstmals ein wenig eingeschüchtert, unsicher gefühlt, ob die Aufgabe, die ich übernommen habe, nicht doch eine Nummer zu groß für mich sein könnte.

Wobei sich das nicht auf die eigentliche Arbeitsweise der Kommission bezog: Ihr inneres Funktionieren erschien mir stets viel einfacher und direkter, weniger umständlich, kurz professioneller, als das auf nationaler Ebene in den Ministerien der Fall ist. Die gegenseitige Hilfsbereitschaft und Unterstützung ist viel größer, zumindest wenn nicht irgendwelche Interessen direkt kollidieren. In der Kommission herrscht auch mehr Sachlichkeit: Wer die besseren Argumente vorbringt, setzt sich in der Regel durch, man kann mit Sachargumenten viel mehr erreichen als in einer nationalen Koalitionsregierung, wo Parteidisziplin und andere Rücksichtnahmen eine große Rolle spielen – die jeweilige Parteizugehörigkeit ist in der Kommission ziemlich bedeutungslos. Freilich war die Kommission zu meiner Zeit kleiner als heute: Nach dem Beitritt von Österreich, Schweden und Finnland hatte sie 20 Mitglieder, weil die fünf größten, also Deutschland, Frankreich, Großbritannien, Spanien und Italien, jeweils zwei stellten. Aber ob die Kommission 20 oder 25 Mitglieder hat wie jetzt, spielt wohl keine entscheidende Rolle.

Auch bei der Zusammenarbeit mit dem EU-Parlament hatte ich

kaum Schwierigkeiten. Die Mandatare sind dort zwar parteipolitisch organisiert, ich musste also bei größeren Vorhaben das Gespräch mit den führenden christ- und sozialdemokratischen Repräsentanten suchen, genauso mit jenen der Liberalen und Grünen. In Agrarfragen konnte ich dabei stets Übereinstimmung erzielen, es gab immer ein konstruktives Verhältnis, sieht man von Plenarsitzungen ab, wo – ähnlich wie in nationalen Parlamenten – oft genug nur für die Galerie gesprochen wird, nicht für die zur Debatte stehende Sache. Insgesamt war mir ein gutes Verhältnis zu den Abgeordneten immer sehr wichtig: In der so genannten Straßburg-Woche, wenn die Plenartagungen im Elsass und nicht in Brüssel stattfanden, war ich jedes Mal zwei bis drei Tage dort. Dort hatte ich auch mehr Gelegenheit zu Direktkontakten mit den Mandataren und zu informellen Gesprächen. Diese wurden zum Teil über informelle Gruppen quer über Parteifraktionen hinweg organisiert, beispielsweise die »Känguru-Gruppe«, der die Verhandlungen in der Welthandelsorganisation WTO ein besonderes Anliegen waren und die für möglichst viel Handelsliberalisierung eintrat. Zudem gab es jedes Mal am Dienstag während der Straßburg-Woche ein Abendessen mit dem EVP-Fraktionspräsidium.

Interessenausgleich: Das Hauptproblem als Kommissar

Schwieriger war es, den notwendigen Interessenausgleich zwischen den einzelnen Mitgliedsländern auf Ratsebene zu finden. Dieser wird gleich auf mehreren Ebenen angestrebt: Einmal auf der Beamtenebene, zwischen den nationalen Beamten und jenen der EU in den einzelnen Ratsarbeitsgruppen, wo die Gesetzesentwürfe und die Tagesordnung der Ratssitzungen im Detail durchgeackert werden. Dann gibt es den so genannten Sonderausschuss – ein Gremium der Delegationsleiter der Mitgliedstaaten und der Spitzenbeamten, das der politischen Ebene vorgelagert ist und versucht, die kleineren Steine auf dem Weg zu einem Gesetzesbeschluss aus dem Weg zu räumen. Und schließlich gibt es die Ebene der Minister, deren Kontakte sich nicht nur in den offiziellen Ratssitzungen erschöpfen, sondern auch bilateral ablaufen, etwa bei Reisen in die jeweiligen Hauptstädte. Immer wieder hat es Situationen gegeben, in denen mir nationale Minister vorführen wollten, wie groß der Widerstand in ihren Ländern gegen bestimmte Vorhaben sei. Und immer wieder habe ich manchem von ihnen sagen müssen: Wie kommt es, dass ihr beim Kontakt mit mir einen Plan für vernünftig haltet und sehr freundlich mit mir umgeht, während ihr mich danach in euren Ländern kritisiert?

Der Umgang mit den Mitgliedstaaten war eigentlich der komplizierteste Teil meiner Tätigkeit: Mit den Vertretern von 14 anderen Ländern – bisweilen auch mit dem 15. Land, dem eigenen – einen Kompromiss auszuloten, brauchte vor allem Zeit, aber auch Überzeugungskraft. Das Beste war, sich mit einer möglichst klaren Position unabhängig von der eigenen Parteifarbe oder Nation der Diskussion zu stellen, bisweilen auch als Reibebaum für Polemik zu dienen. Letztendlich musste man aber immer entscheidungsorientiert handeln. Wenn man nur versucht, niemanden zu verärgern, bringt man nichts weiter, speziell in einem so komplexen Gebilde wie der EU.

Hauptvorteil: ein exzellenter Stab, ein gutes Netzwerk

Dass ich schon während meiner ersten Jahre viel weitergebracht habe, bestätigten mir zahlreiche internationale Kommentare, etwa im besonders angesehenen britischen »Economist«, der mich jedes Jahr unter die besten Kommissare reihte. Nur mein exzellenter Stab hat solche Auszeichnungen möglich gemacht: Die Generaldirektion Landwirtschaft war schon vor meinem Amtsantritt besonders gut aufgestellt. »Mein« erster Generaldirektor, der Franzose Guy Legras, war von seiner Statur her »ein kleiner Napoleon«, blitzgescheit, ein exzellenter Taktiker. Er hatte schon Jahre zuvor eine strategische Planungseinheit aufgebaut, die ich im Lauf der Zeit systematisch ausbaute. Als ich nach Brüssel kam, hatte sie 15 Mitarbeiter, als ich es verließ, waren es 70. Aber im Verhältnis zu den USA waren das noch immer wenige: Die haben für ihren vergleichsweise kleineren Agrarsektor 500 Mitarbeiter im Planungsstab.

Ähnlich wichtig wie der unmittelbare Stab ist das Umfeld dahinter. Ich kann den Menschen nur erklären, was richtig ist, sie für Reformen gewinnen, wenn ich zuerst über eine gute Analyse der Entwicklung unter Status-quo-Bedingungen verfüge. Dazu braucht es in einer immer komplexeren Welt ein immer dichteres Netzwerk an Information. Im Sinne von Julius Raab: Den Leuten zu sagen, was sie im Moment hören wollen, ist keine besondere Kunst für einen Politiker. Politische Kunst ist es, die Leute dazu zu bringen, das zu mögen, was nötig ist. Nur ein qualitativ wie quantitativ entsprechend gut ausgestatteter Stab ermöglicht eine gute Politikplanung und ist auf internationaler Ebene noch ungleich wichtiger als auf nationaler.

Wir waren ein loyales Team und konnten immer offene Debatten führen, laut nachdenken, ohne Gefahr, dass davon etwas unzeitgemäß nach außen drang. Generalstabsmäßig durchexerziert haben wir politische Planung zum ersten Mal bei der Agenda 2000. Da hat es eine Vorlaufzeit von eineinhalb Jahren bis zu jenem Tag gegeben, an dem den anderen Dienststellen der endgültige Vorschlag präsentiert wurde. Jeder offizielle Vorschlag der Kommissionsdienste unterliegt dann einem Interserviceverfahren. Das bedeutet, dass jede Generaldirektion, die irgendetwas mit einer Gesetzesinitiative zu tun hat, befragt werden muss; ab diesem Zeitpunkt muss man damit rechnen, dass alles öffentlich wird. Noch mehr besteht dieses Risiko, wenn ein solcher Vorschlag anschließend an die Kabinette verteilt wird – die konsultieren dann oft nationale Behörden, obwohl das an sich nicht erlaubt ist.

In den eineinhalb Jahren vor der Vorlage für die Agenda 2000 hat sich unser Team mindestens alle zwei Wochen getroffen, in einer sehr professionellen, freundschaftlichen Atmosphäre. Das Team, das waren Generaldirektor Legras, später dessen Nachfolger, der Spanier Silva Rodríguez, dann je nach Fragestellung ein oder zwei Vizegeneraldirektor(en), dazu die Leute aus meinem Kabinett, insgesamt fünf bis sieben Personen. Jeder Punkt wurde durchgegangen: Wo fehlt noch etwas? Was müssen wir noch von zusätzlichen Experten prüfen lassen? Natürlich hat es auch Auffassungsunterschiede gegeben. Diese wurden offen und in einer freundschaftlichen Art und Weise ausgetragen. Für die Reformvorbereitungen haben wir bewusst auf die Beamten verzichtet, die in der alltäglichen Exekutive standen, weil diese meist eine Tendenz haben, auf dem Status quo zu beharren. Für die Reformen war es besser, mit Personen zusammenzuarbeiten, welche außerhalb des Alltagsmanagements der Märkte standen und die ein gewisses »fresh thinking in die Debatte einbrachten.

Permanent auf Tour durch Europa

Nicht nur vor diesem, sondern vor allen größeren Reformvorhaben habe ich intensive Besuchstouren unternommen. Generell besuchte ich jedes Mitgliedsland ein- bis zweimal jährlich, ebenso die USA. Diesen Standard hielt ich bis zum Ende meiner Tätigkeit in der Kommission bei. Wobei das nicht alles große Reisen waren, oft nur Eintagestrips: mit der Bahn morgens in einer Stunde und 20 Minuten von Brüssel nach Paris und abends zurück. Ähnlich effizient konnte ich Besuche in Deutschland oder den Beneluxstaaten organisieren – und auch Gespräche in London, Rom oder Madrid kann man per Flug in 18 Stunden absolvieren, die jeweiligen Fahrtzeiten verplant mit dem Studium von Unterlagen, Manuskripten und Redeentwürfen.

Dennoch habe ich mich immer bemüht, möglichst viele Wochenenden in Tirol zu verbringen, bei meiner Familie, aber natürlich auch mit Freunden und Bekannten – beim sonntäglichen Besuch des Stammtisches nach dem Gottesdienst hört man auch als EU-Kommissar viel von den aktuellen Stimmungen und Sorgen.

Bei meinen direkten Kontakten in den anderen Mitgliedstaaten habe ich nie persönliche Probleme bekommen, auch wenn – etwa bei den Agrarreformen – die Bauern große Einwände gegen meine Pläne äußerten. Mir sind nie rohe Eier oder faule Tomaten nachgeworfen worden. Wenn man den Leuten Sinn und Zweck von notwendigen Veränderungen erklären kann, ist meistens ein ausreichendes Verständnis für Reformen zu finden, auch wenn diese kurzfristig Nachteile zu bringen scheinen. Noch einfacher war es natürlich, wenn es Vorteile zu verkünden gab.

Eine der diesbezüglich typischen Begebenheiten hat sich gleich nach Beginn meiner Kommissartätigkeit im Sommer 1995 im tirolerischen Brandenberg abgespielt. Dort wurde ein Weg eröffnet, dessen Genehmigung ich noch als Minister durchgesetzt hatte, eine über zehn Kilometer lange Straße, die zwölf Almen erschließen sollte, großteils durch das Gebiet der Bundesforste führend. Vorher hatte man 20 Jahre lang über dieses Projekt gestritten. Am Ende waren alle zufrieden mit dem neuen Weg und haben mich zur Eröffnungsfeier eingeladen, obwohl ich nicht mehr Minister war. Danach holte mich der Ortsbauernchef zu einer »Extra-Besprechung« beiseite.

Die Bauern hatten einige Tische zusammengestellt und wollten von mir wissen, wie lange es solche Geldmengen für sie noch gebe? Sie vermuteten, dass die in ihren Augen großzügigen EU-Förderungen nach wenigen Jahren eingestellt würden. Nachdem ich ihnen versichert hatte, dass das Fördervolumen der EU auf jeweils sieben Jahre beschlossen sei, waren alle begeistert: Die Union sei doch keine so blöde Sache, meinten sie.

Falsche Erwartungen in Österreich

Dennoch gab es immer wieder die Erwartung, ich solle doch als österreichischer Kommissar in der EU agieren und nicht als Kommissar der EU, der aus Österreich stammt. Ich hatte jedoch – wie bereits erwähnt – schon bei der Zusammensetzung meines Kabinetts die »übernationalen« Gesichtspunkte favorisiert und mir Mitarbeiter gesucht, die erstens besonders qualifiziert waren und zweitens gute Kontakte in ihre jeweiligen Länder hatten. Damit wollte ich zugleich auch dem Missverständnis vorbeugen, dass ich quasi der österreichische Oberbotschafter wäre, der gefälligst die Interessen seines eigenen Landes in Brüssel zu vertreten habe.

Dieses falsche Verständnis von den Aufgaben der und in der EU war und ist in Österreich besonders stark. Es ist zwar in allen Ländern verbreitet, wird aber in unterschiedlichem Maße medial verstärkt, in Österreich eben besonders ausgeprägt. Hierzulande wurde immer wieder erwartet, ich könne und solle bei Reformen österreichische Extrawürste braten, in die Verordnungen eigene Österreich-Kapitel hineinschreiben. Der Lernprozess auf österreichischer Seite hat einige Zeit benötigt. Nicht dazu beigetragen haben politische oder journalistische Wortmeldungen, die mich als eine Art Landesverräter dargestellt haben. Von blauer Seite hat mich das nicht verwundert, das war eben die Position dieser Oppositionspartei. Aber wenn solche Polemiken aus den eigenen Reihen kamen, habe ich schon manchmal recht fuchtig zum Telefon gegriffen und den einen oder anderen Landesrat aufgefordert, die Dinge in seinem Bereich richtigzustellen, den Leuten auch öffentlich die Wahrheit zu sagen.

Der Rücktritt der Kommission Santer

Das Ende meiner ersten Kommissarperiode, jener unter dem Präsidenten Jacques Santer, wurde von einer Affäre überschattet, die dazu führte, dass wir alle – neun Monate früher als geplant – im März 1999 zurücktraten. Santer selbst ist ein ungeheuer angenehmer Mensch, sehr offen und sehr sympathisch. Das erste Mal hatte ich ihn knapp vor meinem Amtsantritt kennen gelernt, als er seine kommende Kommission zu einem gemeinsamen Wochenende nach Luxemburg einlud. Solche Treffen, wo es vor allem darum ging, die Zuständigkeiten der zukünftigen Kommissare aufzuteilen, wurden oft als »Nacht der langen Messer« bezeichnet, weil es dabei häufig zu heftigen Konflikten rund um die Portfolio-Verteilung kam. In diesem Fall hat es einen riesigen Streit zwischen dem Holländer Hans van den Broek und dem Briten Sir Leon Brittan um die künftige Zuständigkeit für die Erweiterung der EU gegeben. Beide haderten einen ganzen Tag und eine ganze Nacht miteinander, obwohl die eigentliche Frage von Santer schon nach einer Stunde geklärt worden war. Die beiden sind nicht zufällig später zwei besonders starke Figuren in der Kommission gewesen. Sir Leon, wie wir ihn alle stets titulierten, hatte eigentlich Präsident der Kommission werden wollen, bei jeder zweiten Sitzung gab er das auch deutlich zu erkennen. Zur starken Achse in dieser Kommission zählten noch der Belgier Karel van Miert, zuständig für Wettbewerb, der deutsche Industriekommissar Martin Bangemann und der Italiener Mario Monti, verantwortlich für den Binnenmarkt.

Dass keineswegs alle großen Länder automatisch starke Personen in die Kommission entsenden, dokumentierte die Französin Edith Cresson, zu Beginn der Neunzigerjahre erste weibliche Regierungschefin in Frankreich, wegen mangelnder Diplomatie aber nur zehn Monate im Amt. Sie war für Wissenschaft und Forschung zuständig, spielte aber keine große Rolle. Und dennoch hat sie die Kommission in die schwerste Krise ihrer bis dahin 43-jährigen Geschichte gerissen. Nach Vorwürfen des Missmanagements und der Korruption durch einen unabhängigen »Weisenrat« sind wir dann alle im März 1999 zurückgetreten. Zuvor hatte sich Edith Cresson geweigert, allein zu gehen, obwohl sich die Vorwürfe wegen Vetternwirtschaft an ihrer Person entzündet hatten. Lange Zeit war es auch uns nicht ganz klar gewesen, worum es im Detail ging. Aus meiner heutigen Sicht ging es nicht um Korruption, sondern um Begünstigung. Cressons Lebensgefährte – diese seine Eigenschaft bestritt sie – war Zahnarzt. Dem schanzte sie angeblich zwei Forschungsaufträge zu, die dann von ihren Mitarbeitern verfasst wurden, für die aber er das Honorar kassierte. Sie wurde erst viel später deswegen von dem Europäischen Gerichtshof geklagt, die belgischen Gerichte hatten von einer Strafverfolgung abgesehen.

Wenn Santer nach Auftauchen der ersten Berichte über das Fehlverhalten von Madame Cresson bereit gewesen wäre, ihr Portfolio massiv einzuschränken oder ihr ein anderes zu geben, wären die Folgen zu vermeiden gewesen. Aber Santer hat sich prinzipiell geweigert, sich vom Parlament ein Mitglied seiner Kommission herausschießen zu lassen. In den EU-Verträgen sei festgehalten, das Parlament stimme der gesamten Kommission zu, das gelte auch im umgekehrten Fall. Die Auseinandersetzung eskalierte und wurde zudem Teil des Wahlkampfes für das im Juni neu zu bestimmende Parlament. Na gut, haben sich viele Abgeordnete gesagt, wenn Santer es auf eine Machtprobe anlegen will, dann kann er sie haben. Das Parlament setzte einen so genannten Weisenrat ein, der dann noch dazu Santer zu einem gewissen Grad hinters Licht führte. Der Weisenrat hat einen Bericht über seine Untersuchungen verfasst, diesen dem Präsidenten über das Wochenende zu lesen gegeben, allerdings ohne die weit gehenden Schlussfolgerungen, die von generellem Missmanagement der Kommission sprachen. In dieser Verallgemeinerung sicherlich ungerecht, zahllose Arbeitsbereiche der Kommission funktionierten ohne Zweifel tadellos, darunter meiner. Wir staunten nicht schlecht, als wir alle diese Vorwürfe am damals folgenden Montag zu lesen bekamen, zumal uns der Präsident noch am Sonntagabend versichert hatte, dass nach seinem Dafürhalten der Bericht nicht besonders dramatisch wäre. Ich habe mich sofort mit einigen Kollegen getroffen, für die ebenfalls kein Grund gegeben war, kritisiert zu werden. Uns war bald klar: Jetzt hilft nur mehr der Gesamtrücktritt der Kommission. Bezeichnenderweise hat zu den wenigen, die dann in unserer eigens einberufenen Sitzung der Kommission nicht dieser Meinung waren, Frau Cresson gezählt: Sie war sich überhaupt keiner Schuld bewusst.

6

Die zweite Periode als EU-Kommissar
1999–2004

Ich habe anfangs nicht viel darüber nachgedacht, welche Folgen dieser Rücktritt für mich persönlich haben könnte. Mir war nur klar, dass das Parlament mich akzeptieren würde, sollte Österreich mich ein zweites Mal nominieren, viele Mandatare haben mir gegenüber bedauert, dass es so weit kommen musste. Eine Zeit lang bestand ein Vakuum: Wir waren im März 1999 zurückgetreten, bis zu den EU-Parlamentswahlen im Juni blieben wir geschäftsführend im Amt. Bald hat sich herauskristallisiert, dass der kurz zuvor zurückgetretene italienische Ministerpräsident Romano Prodi Santer nachfolgen werde. Er wurde binnen fünf Minuten bei jenem Gipfel in Berlin designiert, der die Agenda 2000, also die Finanzvorschau für die kommenden Jahre und die Agrarreformen, beschlossen hatte.

Ich hatte Prodi schon länger gekannt. Jedes Mal, wenn ich in Italien gewesen war, hatte er Wert auf meinen Besuch gelegt und mit mir über Landwirtschaft und Agrarpolitik geplaudert. Der damalige italienische Agrarminister Paolo de Castro – er ist es heute wieder –, ein Universitätsprofessor in Bologna wie Prodi, ist sein politischer Ziehsohn und wohnt zudem noch im gleichen Haus in der Innenstadt von Bologna. Ich hatte Prodi bei einem dieser Besuche zum Skifahren nach Tirol eingeladen, er hatte angenommen; zufälligerweise fiel der früher ausgemachte Termin ausgerechnet in die Zeit seiner Kür – wir waren daher beide der Meinung, unser privates Treffen auf später zu verschieben. Wir haben es einige Male wiederholt, Prodi ist ein ausgezeichneter Skiläufer.

Die Erfolge der Prodi-Kommission

Die Kommission Prodi hat drei historische Erfolge vorzuweisen: die erfolgreiche Einführung des Euro, die größte Agrarreform in der Geschichte der EU und die gelungene Erweiterung der EU von 15 auf 25 Mitgliedsländer. Diese Errungenschaften haben speziell Österreich konkrete Vorteile gebracht: Österreichs Wirtschaft hat wie keine andere ihren Export in die neuen Mitgliedsländer binnen weniger Jahre verdoppelt, mit zwei Prozent der EU-Bevölkerung bestreiten wir neun Prozent des gesamten Handels der »alten« EU-15 mit der neuen EU-10. Österreichische Unternehmen erwirtschaften ihre wachsenden Gewinne zunehmend über ihre 10 000 österreichischen Tochterunternehmen in den mittel- und osteuropäischen Ländern. Durch die Währungsunion und den Stabilitätspakt ist in den Folgejahren die Inflationsrate auf 1,2 bis 1,4 Prozent gesunken, was den privaten Haushalten Millioneneinsparungen brachte. Die Prodi-Kommission hat auch durchgesetzt, dass Fluglinien bei Überbuchung die Fluggäste entschädigen müssen (250 Euro für EU-Flüge, 600 Euro für Flüge über 3500 Kilometer) und dass die Konsumenten jetzt weitaus besser informiert sind als früher: Im Supermarkt kann jetzt jeder, der sich dafür interessiert, erfahren, woher das Rindfleisch kommt, das er kauft, ob er einen gezüchteten oder wild lebenden Fisch aus der Vitrine holt, ob die Eier aus Freilandhaltung sind und die Lebensmittel Allergene enthalten. Und: Sie hat Kartelle zerschlagen, Monopole aufgebrochen und Fusionen auf Kosten der Konsumenten verhindert (in diesem Zusammenhang wurden Strafen von insgesamt 4 Milliarden Euro verhängt).

Den ersten großen Erfolg konnte die Prodi-Kommission mit der erfolgreichen Einführung des Euro als Bargeld per 1. Jänner 2002 verbuchen. Der Euro ist heute nach dem US-Dollar die zweite Leitwährung der Welt und hat in den letzten Jahren nach ersten Problemen und gegen alle Unkenrufe an Stabilität und Bedeutung gewonnen: Seinen Tiefstwert erreichte er mit 0,8225 Dollar am 26. Oktober 2000, seine bisherige Höchstmarke am 30. Dezember 2004 mit 1,3668 Dollar. Er fungiert zurzeit noch in 12, schon bald aber in 13 von 25 EU-Staaten und in sechs anderen Ländern als offizielle Währung. Durch seine Einführung ersparen sich Bürger und Unternehmen zusätzliche Transaktionskosten.

Die Wahl in Österreich und ihre Folgen

In Österreich gab es kaum eine Debatte über die Frage, ob ich oder jemand anderer für die Kommission Prodi nominiert werden solle. Das hing auch mit der unsicheren innenpolitischen Situation zusammen. Die Wahl im Oktober 1999 hatte ein kompliziertes Resultat erbracht, ich hatte bereits im Wahlkampf bei gelegentlichen Aufenthalten in Tirol eine entsprechende Stimmung mitbekommen: Die SPÖ war zwar weiter stärkste Partei, hatte aber beträchtlich verloren, Haiders FPÖ war um wenige hundert Stimmen vor der ebenfalls geschwächten Volkspartei auf Platz zwei gelandet. Schüssel hatte im Wahlkampf versprochen, als Dritter in die Opposition zu gehen, es kam aber anders: Nachdem sich SPÖ und ÖVP nicht auf ein gemeinsames Regierungsprogramm hatten einigen können, wagte Schüssel die Koalition mit der FPÖ und vereinbarte mit Haider Ende Jänner 2000 jenen Koalitionspakt, der ihn zum Bundeskanzler machte.

Aus seiner Sicht und jener der ÖVP war das ein extrem geschickter Schachzug, der Schüssel einmal mehr als genialen Taktiker auswies. Schüssel ist kein langfristiger Stratege, sondern einer, der aus einer konkreten Situation am Verhandlungstisch jeweils das Optimum herausholt. Als er Bundeskanzler wurde, habe ich ihm gratuliert und eine Anregung gegeben: In Brüssel war mir nämlich schon länger aufgefallen, dass die österreichische Politik viel zu sehr entweder spontan oder in eingefahrenen Gleisen – etwa mit den Sozialpartnern – gemacht wurde; ohne langfristige Planung, ohne systematischen Input, ohne den Politikern von Seiten der Administration Wahlmöglichkeiten aus verschiedenen Optionen anzubieten. Zu Schüssel habe ich daher gesagt: Du brauchst einen Think-Tank, den du regelmäßig in Anspruch nehmen kannst, in dem dir Leute zur Verfügung stehen, die dir alternative Problemlösungsvorschläge ausarbeiten und zur Auswahl vorlegen. Schüssel hat das mit Verweis auf die Kosten eines solchen Projektes abgelehnt. Ich glaube nicht, weil er sich selbst für seinen besten Ratgeber hielt, sondern eher deshalb, weil er es in seiner langen politischen Karriere gewohnt war, stets auf den Input der Sozialpartner zurückzugreifen. Dazu hat er ein gesundes Misstrauen gegenüber Ratgebern. Das braucht man auch: Wenn man alles 1 : 1 übernimmt, was einem die Experten erzählen, kann man gleich zusperren. Und weil Schüssel zweifellos ein guter

Analytiker ist, schenkt er nur wenigen Menschen das Vertrauen, sie für sich regelmäßig arbeiten zu lassen.

Ich hatte während der dreimonatigen Koalitionsverhandlungen auch ihm gegenüber nie einen Zweifel daran gelassen, dass ich ein Bündnis der ÖVP mit der FPÖ ablehnte. Einerseits, weil ich den skrupellosen Opportunismus und Populismus Haiders am eigenen Leib zu spüren bekommen hatte, andererseits, weil ich in Brüssel natürlich deutlicher mitbekam, auf welche Ablehnung eine Regierungsbeteiligung der FPÖ in der EU stoßen würde und welch negative Wirkung das für das Ansehen Österreichs in den anderen 14 Mitgliedsländern in der EU haben würde.

Haider die Leviten gelesen

Haider hatte ich bereits im November 1999 öffentlich die Leviten gelesen, als er in Brüssel das Informationsbüro Kärntens eröffnete. Die Situation war pikant: Einige belgische Gewerkschaften hatten eine Demonstration gegen ihn angekündigt, mir war von einigen Europaparlamentariern nahegelegt worden der Eröffnung fernzubleiben. Ich lehnte das ab: Wie immer man zu ihm stand, Haider war der offizielle Repräsentant eines Bundeslandes, ich war auch zu allen anderen ähnlichen Anlässen erschienen. Als ich zum Kärnten-Büro fuhr, erlebte ich eine gespenstische Situation: Die gesamte Straße, in der das Büro untergebracht war, war von der belgischen Polizei mit den dort bei Demonstrationen üblichen Stacheldrahthecken abgesperrt worden. Das Haus war gesteckt voll mit Leuten, es hatte eine ungeheure Hitze. Ich habe meine Eröffnungsrede gehalten und sehr klar umrissen, welche demokratischen Mindeststandards für Politiker gelten müssen. Damit habe ich zugleich dem Kärntner Landeshauptmann zu verstehen gegeben, dass er sich nicht daran halte und er sich auch nicht wundern dürfe, wenn er mit seinem Verhalten auf große Ablehnung stoße. Haider war offenbar so verblüfft davon, dass er sich ungewohnt wortkarg zunächst nur bei mir für die Rede bedankte. Erst zwei Tage später, nachdem internationale Medien groß darüber berichtet hatten, hat er zurückgeschlagen und mich in der fast schon üblichen Tonart als Vaterlandsverräter beschimpft, so wie er es nach der Verhängung der Sanktionen mit Chirac hielt, den er als »Westentaschen-Napoleon« bezeichnete. Übrigens: Chirac überragt Haider mindestens um Kopfeslänge.

Diese Konflikte zwischen Haider und mir wurden innenpolitisch aber bei weitem durch jene zwischen Bundespräsident Thomas Klestil und dem Kanzler übertönt. Ich habe mehrfach versucht, zwischen beiden zu vermitteln, aber die Gesprächsbasis zwischen ihnen war einfach vergiftet. Klestil hat mich in dieser Zeit zwischen Wahl und Regierungsbildung regelmäßig angerufen und in Wien zu Treffen eingeladen. Jedes Mal beklagte er sich dann in der Hofburg bei mir, wie schlecht die Entwicklung verlaufe und wie sehr er gegen eine Regierungsbeteiligung Haiders kämpfe. Ich berichtete Schüssel davon, er sagte nur immer wieder, er könne mit Klestil darüber nicht reden, weil der Bundespräsident eine vorgefasste Meinung habe. Damals hat er noch in keiner Weise angedeutet, in Richtung eines Bündnisses mit der FPÖ steuern zu wollen. Er beklagte sich mir gegenüber nur darüber, dass auf sozialdemokratischer Seite nahezu keine Bereitschaft zu Innovationen und Reformen bestehe.

Dazu hat Haider auch in den Wochen nach der Wahl beträchtlichen medialen Druck erzeugt, gegen Proporz und Politikerprivilegien. Eine kurze Zeit lang stand er in Umfragen schon auf Platz eins, es gab die reale Gefahr, dass er bei einer simplen Fortsetzung der alten Koalition seine Position noch weiter ausbauen könne. Vor allem die SPÖ litt darunter: Das Wählerpotenzial aus der ÖVP hatte Haider ja schon längere Jahre Zug um Zug ausgeschöpft, nun hatte er auch bei den SPÖ-Wählern erfolgreich gepunktet. Vranitzkys anfangs sicher richtige Strategie, ihn auszugrenzen, konnte bei einer Partei, die mehr als 20 Prozent der Wähler erreichte, nicht mehr funktionieren. Die FPÖ war zu einem wichtigen gesellschaftlichen Faktor geworden, ob einem das passte oder nicht. Und eine deklarierte Vereinbarung wie in Belgien, wo alle anderen Parteien aus guten Gründen nicht mit dem Vlaams Block koalieren wollten, hat es in Österreich nie gegeben.

Das Kanzler-Angebot Klestils

In dieser noch unentschiedenen Situation kontaktierte mich der Bundespräsident Mitte Jänner 2000 wieder einmal, als ich auf dem

Weg nach Wien war. Ich bin wie immer zu ihm in die Hofburg gegangen und er hat mich gleich unverblümt gefragt: »Na, was hältst du davon, wenn ich dich als Bundeskanzler vorschlage?« Ich habe geantwortet: »Das kann doch nicht dein Ernst sein?« Nein, sagte er, das sei sein voller Ernst, er habe sich schon mit mehreren Leuten besprochen, schließlich habe er das Recht, eine Person seiner Wahl zum Bundeskanzler vorzuschlagen. Ich habe ihm klar gemacht, dass er sich das aus dem Kopf schlagen solle: Es sei Unsinn, jemanden vorzuschlagen, der nicht einmal für das Parlament kandidiert und daher keine Chance auf eine Unterstützung durch eine Parlamentsmehrheit habe. Er konzedierte, dass das ein Problem sei, ich solle es mir aber dennoch überlegen. Klestil hat mir aber bei diesem Gespräch nichts davon erzählt, dass er zugleich mit Hannes Androsch über die Position als Vizekanzler gesprochen hatte, wie das später kolportiert wurde. Erst eineinhalb Jahre später hat mir Androsch selbst bestätigt: Ja, Klestil habe ihn darauf angesprochen, er habe aber eine solche Variante ebenso für unmöglich gehalten wie ich. Androsch habe dem Bundespräsidenten geantwortet, mit dem Fischler könne er sich schon eine Zusammenarbeit vorstellen, das könne lustig werden, aber zu diesem Zeitpunkt sei das ganze Unternehmen unrealistisch.

Klestil hat mit mir im Jänner noch zwei- oder dreimal über dieses Thema gesprochen, ohne dass wir weitergekommen wären. Mit der Regierungsbildung Ende Jänner war diese interne Debatte endgültig beendet, nicht aber die wachsende Verbitterung Klestils, wie man ja an seiner Miene bei der Angelobung des Kabinetts gesehen hat. In diesen Wochen bin ich auch wie sonst öfter in direktem oder indirektem Kontakt mit Leuten wie Aznar, Blair oder Chirac gestanden und habe daher deren Sorge über die Entwicklung in Österreich mitbekommen. Sie ließen aber nie erkennen, dass es zu einem Boykott einer Koalition mit der FPÖ wie dann durch die Sanktionen kommen könne. Ich wurde von deren Verhängung ebenso überrascht wie alle anderen österreichischen Politiker.

Die Sanktionen – keine Maßnahmen der EU

Die »Sanktionen« gegen die neue schwarz-blaue Regierung in Österreich sind in direktem Kontakt zwischen den Büros der 14 Regierungschefs über ein Wochenende ausgemacht worden, Brüssel hat dabei keine Rolle gespielt. Sie waren in hohem Ausmaß jeweils innenpolitisch motiviert: In Frankreich, Luxemburg und Belgien hatten sich die staatstragenden Parteien gegen jede Zusammenarbeit mit Rechtspopulisten verpflichtet, sozialdemokratische Politiker waren sowieso gegen Haider, aber auch konservative Politiker wie Chirac oder Aznar trugen diesen Kurs voll mit.

Trotz unterschiedlicher – auch guter – Absichten haben die Sanktionen aber insgesamt einen großen politischen Schaden erzeugt. Das Ansehen der EU sank in Österreich massiv und stagniert wohl auch deshalb bis heute auf niedrigem Niveau. Bei den neuen Mitgliedstaaten entstand der Eindruck, dass es in der EU zwei unterschiedliche Standards gäbe – Kleinstaaten würden schlechter behandelt als große Mitgliedsländer. Zu allem Überdruss stellte sich bald heraus, dass die Sanktionen der FPÖ Haiders bis zu ihrem zwischenzeitlichen »Selbstmord« von Knittelfeld im Jahr 2002 mehr nutzten als schadeten. Dennoch: Die EU hat letztendlich aus dieser Auseinandersetzung die nötigen Lehren gezogen. Es gibt mittlerweile einen klaren Mechanismus für ein Verfahren, falls in einem Staat europäische Grundwerte verletzt werden. Heute kann man daher solche heiklen Dinge nicht mehr mit einigen Telefonaten zwischen Regierungschefs übers Wochenende regeln.

»Franz, they are all crazy now!«

Am Sonntagabend, dem Vorabend vor ihrer offiziellen Verkündigung, sickerten die Sanktionen auch in Brüssel durch. Am Montag setzte Prodi zu diesem Thema eine außerordentliche Kommissionssitzung an. Kein einziger Kommissar hat dabei Verständnis für die Maßnahmen geäußert, alle haben sich in unterschiedlicher Schärfe dagegen ausgesprochen. Prodi ist schwer dagegen gewesen und Neil Kinnock von der britischen Labour Party hat mir noch vor Beginn zugeraunt: »Franz, they are all crazy now!« Der Italiener Monti hat gemeint, er sei zwar ein Gegner der kommenden Regierung in Österreich, weil er glaube, dass eine der sie tragenden Parteien nicht dem europäischen Wertekatalog entspreche, aber er glaube auch, dass der Proporz in Österreich abgebaut gehöre. Am Ende hat die Kommission in einer Resolution bekräftigt, sie werde ihre Arbeitsbeziehungen mit Österreich wie bisher aufrechterhalten. Viele stimmten also zu, dass man etwas gegen populistische Rechtsparteien unternehmen müsse, aber alle waren der Meinung, die von den Mitgliedstaaten verhängten Sanktionen würden eher das Gegenteil bewirken.

Und alle haben mich bedauert, weil ich ohne jedes Zutun zwischen die Fronten geraten war. Tatsächlich bin ich durch die Sanktionen in eine besonders schwierige Lage gekommen. Einerseits machten einige besonders kluge Köpfe in Österreich auch mich dafür verantwortlich – die Opferrolle steht einigen bei uns stets besonders gut, dafür brauchen sie auch einheimische Bösewichte –, andererseits gab es auch anderswo solche Kaliber: In Brüssel verlangten einige hochrangige Politiker, ich solle aus der ÖVP austreten, was ich natürlich abgelehnt habe. Und so wie es in Österreich diese »terribles simplicateurs«, diese schrecklichen Vereinfacher, gab, die sich nun von ganz Europa verfolgt fühlten, gab es auch in Belgien verrückte Reaktionen wie jene von Außenminister Louis Michel, der angekündigt hat, in Österreich nie mehr Ski fahren zu wollen.

Unsinnige Verschwörungstheorien

Eigentlich war Jacques Chirac der »Erfinder« der Sanktionen. Er hatte ja schon früher in Frankreich nahezu die Spaltung seiner eigenen Partei riskiert, um keinerlei Zusammenarbeit mit Le Pen möglich zu machen. Der konservative Spanier Aznar wiederum war deswegen so stark dafür, weil er das Gefühl hatte, er könne bei einem Erstarken europafeindlicher Tendenzen auch daheim wachsende Probleme mit antizentralistischen Abweichlern bekommen, etwa mit den katalanischen Separatisten. Und dass die Sozialdemokraten keine Freude mit Haider hatten, war sowieso klar. So hatte eben jeder eine andere Motivation, aber keiner berücksichtigte die besondere Lage in Österreich. Entscheidend waren nationale Motive, keine ideologischen: Die Verschwörungstheorien, wonach die Sozialistische Internationale das Ganze von langer Hand mit Hilfe Klimas und Klestils geplant hätte, sind ein Unsinn.

Ich habe das von Anfang an auch in Österreich zu vermitteln versucht, aber das war unmöglich. Die Sanktionen waren der beste Kitt für die neue Regierung, sie hat sich logischerweise gesagt: »Da müssen wir durch.« Wenigstens zog sich Haider mehr oder weniger freiwillig nach Kärnten zurück, auch Klestil erwarb sich Verdienste, weil er Änderungen auf der vorgesehenen Ministerliste durchsetzte. Bundeskanzler Schüssel war auch von Anfang an klar gewesen, dass er Haider nicht ins Kabinett nehmen könne. Auf europäischer Ebene suchte man lange vergeblich nach einem halbwegs vernünftigen Ausstiegsszenario. Geliefert hat das dann der so genannte Weisenrat, von dessen drei Mitgliedern zumindest zwei – sein Vorsitzender, der ehemalige finnische Staatspräsident Martti Ahtisaari, und Marcelino Oreja, der ehemalige spanische Außenminister – mir auch als Freunde Österreichs gut bekannt waren.

Von der FPÖ angeschwärzt

Das alles hat meine innenpolitischen Gegner nicht gehindert, mich anschwärzen zu wollen. Noch im Jahr 2004 (!) behauptete der damalige Klubobmann der FPÖ Herbert Scheibner (heute BZÖ), »Kommissar Fischler hat in der Kommission den Beschluss des EU-Rates für die Verhängung der Sanktionen nicht abgelehnt, sich auch nicht der Stimme enthalten, sondern sich mit seiner Stimme für eine massive Schädigung der Republik Österreich und seiner Bürger eingesetzt«. Diese Behauptungen waren und sind nachweislich falsch und böswillig erfunden.

Tatsache ist, dass die Sanktionen nationale Maßnahmen der 14 anderen Mitgliedstaaten gegen Österreich waren, sie konnten sich daher nicht auf EU-Recht oder die EU-Verträge stützen. Deswegen war es schon aus rechtlichen Gründen unmöglich, dass die EU-Kommission über die Sanktionen abstimmte, wie Scheibner behauptet hatte. Und somit war es auch reine Fiktion, zu behaupten, ich hätte mich für eine »Schädigung Österreichs« eingesetzt. Fakt ist, dass die Kommission am 1. Februar 2000 beschlossen hatte – im Gegensatz zu den 14 EU-Mitgliedstaaten –, ihre Arbeitsbeziehungen mit Österreich in vollem Umfang aufrechtzuerhalten. An dieser Entscheidung war ich allerdings intensiv beteiligt.

Tatsache ist ebenso, dass ich mich bereits am 1. Februar 2000 dazu unmissverständlich geäußert habe: »Es ist nicht die Aufgabe der Kommission, ein Mitgliedsland zu isolieren. Im Gegenteil: Es ist unsere Pflicht mitzuhelfen, dieses nicht von Europa abdriften zu lassen. Aus diesem Grund wird und muss die Kommission ihre Arbeitsbeziehungen mit Österreich aufrechterhalten. Ein Teil meiner Verantwortung war und ist es, meinen Landsleuten die internationale Besorgnis zu vermitteln, zu erklären, dass sich die Europäische Union nicht gegen Österreich als Land und seine Menschen wendet. Sie hat deutlich gemacht, dass die Achtung von Grundwerten der Union wie Toleranz, Solidarität oder die Menschenrechte für jeden Mitgliedstaat selbstverständlich sein müssen. Und kein Österreicher, der sein Land liebt, wird mir hier widersprechen. Als anderen Teil meiner Verantwortung sehe ich es aber auch, dazu beizutragen, das wohlverdiente Ansehen Österreichs im Ausland zu verteidigen. Denn selbstverständlich ist Österreich kein faschistischer Hort der Intoleranz, sondern eine funktionierende Demokratie. Die Österreicher als Souverän eines unabhängigen Staates haben selbstverständlich das Recht, ihre demokratischen Entscheidungen selbst zu treffen. Das ist geschehen. Es mag einem gefallen oder auch nicht. Was wir nicht akzeptieren könnten, wäre eine Politik, die sich gegen die unverrückbaren Grundwerte der EU richtet.«

Ich habe im Jahr 2000 und teilweise auch danach viel Häme geerntet, wenn ich in Österreich versucht habe, bei aller Kritik an den Sanktionen mit rationalen Argumenten die Motivation dahinter zu erklären, da ist man bald als Verteidiger der bösen Europäer dagestanden. Gleichzeitig ist aber neuerlich eine massive Debatte über unsere Vergangenheit aufgebrochen, insbesondere über unseren Umgang mit Minderheiten. Viele Landsleute haben sich mit ihren Sorgen an mich gewandt, vor allem auch viele jüdische, von denen manche wieder existenzielle Angst bekamen. Erst nach Aufhebung der Sanktionen hat sich die Lage langsam entspannt, auf europäischer wie auf österreichischer Ebene. Sichtbarer Ausdruck der Entspannung war ein gemeinsames Ski-Wochenende Schüssels mit Prodi und mir Anfang Februar 2001 in Lech am Arlberg, zum ersten Jahrestag der Angelobung von Schwarz-Blau.

Nun auch Kommissar für Fischerei

Meine Kommissionstätigkeit im engeren Sinne haben die österreichisch-europäischen Verwerfungen aber nicht tangiert. Ich hatte von Prodi in meiner zweiten Periode das Fischereiressort zu meinem Agrarbereich dazubekommen. Strategische Ausgangslage: Einige Fischarten waren in verschiedenen Meeresteilen vom Aussterben bedroht, beispielsweise der Kabeljau in der Nordsee. Des Weiteren bestanden mit vielen Entwicklungsländern Fischereiabkommen, die nach dem Prinzip »fischen, zahlen, wegfahren« funktionierten, also alles andere als nachhaltig waren. Kaum jemand kümmerte sich um die Bestandsentwicklung. Und es gab eine riesige Überkapazität an Fanggeräten und Fischereischiffen, deren Anschaffung von der EU noch dazu gefördert worden war.

Langsam, aber doch haben wir daher auch auf diesem Sektor mit Reformen begonnen. Kein leichtes Unterfangen: Im Fischerei-Sektor gibt es wenig Gemeinschaftsrecht, da können die Mitgliedstaaten viel mehr in eigener Verantwortung handeln. Und mit Empfehlungen allein kommt man da nicht wirklich weiter. Letztlich konnte ich doch einiges durchsetzen: Wir haben erstens die Förderung der Neuanschaffung von Fangschiffen verboten. Zweitens haben wir mehr Gleichgewicht zwischen der Menge der gefangenen und der nachwachsenden Fische erreicht, indem wir »Bestandsauffüllungspläne« für bedrohte Arten vorschrieben. Das bedeutete teilweise harte Bandagen. Die Briten etwa mussten binnen fünf Jahren ein Drittel ihrer gesamten Fischereiflotte verschrotten.

All das hat entsprechende Protestreaktionen bis zu Seeblockaden im Ärmelkanal ausgelöst, besonders aggressiv sind die bretonischen Fischer gegen die Reformen aufgetreten. Ökonomisch hatten die Spanier das größte Interesse am Fischereisektor, sie besitzen die größte europäische Flotte. Diese operiert von drei Standorten aus: Mittels der in Galicien stationierten Überseeflotte auf der ganzen Welt; dann mit einer Flotte von den Kanarischen Inseln aus, dieser Teil fischt vor allem vor der fischreichen afrikanischen Westküste; und dann mit der traditionellen andalusischen Flotte, die größtenteils aus relativ kleinen Booten besteht.

Oft wurde ich gefragt, wie man eigentlich die Einhaltung der vorgeschriebenen Regeln kontrollieren könne. Bei den größeren Schiffen ist das relativ einfach. Diese müssen eine Satellitennavigation an Bord haben, so ist jederzeit ersichtlich, wo sich ein Schiff befindet, ob es fährt oder nicht und dadurch auch, ob es fischt oder nicht. Und dann muss natürlich jede Anladung von Fischen in allen Häfen registriert werden, dort galt es jedoch gegen die zahlreichen Schwarz-Anladungen vorzugehen. Die EU-Mitgliedstaaten verfügen darüber hinaus über eigene Kontrollschiffe, die die Fischerboote auf See stoppen und durchsuchen können. Die Kontrollore können dabei die Netze überprüfen, die Logbücher, die Quoten und natürlich die an Bord befindlichen Fische und Meerestiere. Ohne europäische Instanz wäre die europäische Fischerei schon längst in eine Katastrophe geschlittert, ein gutes Beispiel, dass auch diejenigen, die gegen europäische Regelungen ins Feld ziehen, letztlich davon profitieren.

Leider gibt es auf internationaler Ebene noch kein effizientes System, das dem europäischen vergleichbar wäre. Deswegen sind auch unsere Eingriffsmöglichkeiten im wahrsten Sinn des Wortes begrenzt: Nach der ersten Zone, den national geregelten Küstengewässern bis zu einer Entfernung von 12 Seemeilen vor den Ufern, gibt es eine europäische Regelungskompetenz zwischen 12 und 200 Meilen Entfernung; was darüber hinausgeht, ist internationales Gewässer. Dort gilt nur mehr das internationale Seerecht. Amerikaner, Afrikaner oder Asiaten dürfen dort fischen, aber es gibt keine Kontrolle. Wobei sich freilich die größten Fischmengen in der klar regelbaren Zone zwischen 12 und 200 Seemeilen bewegen, in einer Tiefe von bis zu ca. 200 Metern.

Die zweite BSE-Krise

Im Jahr 2000 hat es europaweit eine zweite Welle von BSE-Fällen gegeben, insbesondere auch in Deutschland. Nicht, weil neue Ansteckungsrisiken entstanden waren, sondern weil die Fälle viel früher als bei der ersten Welle entdeckt wurden. Inzwischen war ein Testverfahren entwickelt worden, mit dem man im Gehirn eines geschlachteten Tieres rasch nachweisen konnte, ob ein BSE-Befall vorlag oder nicht. In Deutschland hat die neue Welle dazu geführt, dass der Landwirtschafts- und die Gesundheitsministerin zurücktreten mussten, damit wurde der Weg frei für den Beginn der Karriere von Renate Künast.

Mit dieser ersten grünen Landwirtschaftsministerin in Europa hatte ich zwar zu Beginn einige Auseinandersetzungen, später haben wir uns auf europäischer Ebene immer besser verstanden.

Zum Unterschied von der ersten Welle, die fast nur Großbritannien und Portugal erfasst hatte, waren dieses Mal weite Teile Europas betroffen. Bei der ersten Krise hatten wir 700 000 Tonnen Fleisch in Tiefkühllager retten können, um den Zusammenbruch des Konsums halbwegs kompensieren zu können. Bei der zweiten Krise war das unmöglich: Das Fleisch, das wir diesmal zu diesem Zweck aus dem Verkehr hätten ziehen müssen, hätte nicht einmal in sämtlichen Kühlhäusern Europas Platz gefunden.

Dementsprechend ist es praktisch über Nacht zu dramatischen Preiseinbrüchen bei Rindfleisch gekommen: in Deutschland sofort um die Hälfte, viel stärker jedenfalls als bei der ersten Krise 1996, bei der interessanterweise der Verzehr von Rindfleisch im betroffenen Großbritannien eine Zeit lang sogar gestiegen war, während er im nicht betroffenen Österreich sank. Was viele Konsumverweigerer 2000 nicht ausreichend bedacht haben, war, dass jedes Rind auf BSE untersucht und zusätzlich jedes Risikomaterial sorgfältig von den Schlachtkörpern entfernt wurde. Das Risiko war damit noch viel niedriger als während der ersten Krise.

Jedenfalls waren die Folgen für die Rinderbauern katastrophal. Der europäische Rinderproduktionssektor ist ja wie eine riesige Maschine, Millionen Tiere werden von ihr jährlich auf den Markt gebracht, sie zu stoppen ist nicht einfach, sie hat eine riesige Nachlaufzeit. Wenn man beschließen würde, keine Rinder mehr zu züchten, käme dennoch über zwei Jahre lang weiter Rindfleisch auf den Markt, weil noch so viele Tiere in den Ställen stehen.

In Österreich löste ich einen Riesenwirbel, fast eine Massenhysterie, aus, weil ich meinte, es sei besser, absolut unverkäufliches Rindfleisch gleich zu entsorgen, statt es jahrelang mit immens hohen Kosten in Tiefkühllagern zu stapeln. Einige Schöngeister haben prompt protestiert und verlangt, man solle das Fleisch lieber an hungernde Kinder in Afrika verschenken – die damit verbundenen Gesundheitsrisiken, aber auch die Transport- und Lagerprobleme haben sie dabei nicht bedacht.

Ich habe allen Mitgliedsländern angeboten, dass sie unverkäufliches Fleisch zu Gulaschdosen oder anderen haltbaren Produkten verarbeiten sollten, die man leichter liefern und lagern kann. Was wurde getan? Nichts oder fast nichts, außer mich an den Pranger zu stellen.

Faktum ist: Es gab damals keine Alternative, als das unverkäufliche Fleisch zu entsorgen. Insgesamt hat der gesamte Skandal mit all seinen Verwerfungen auf den Märkten Europas an die 100 Milliarden Euro gekostet.

Ich bin eigentlich stolz darauf, dass wir trotz des Defizits an wissenschaftlichen Erkenntnissen und systematischen Untersuchungen nichts von den Maßnahmen, die wir seit 1996 entwickelt haben, zurücknehmen mussten, sie funktionieren bis heute.

Die Zahl der Krankheitsfälle ist entsprechend der prognostizierten Entwicklung zurückgegangen. Heute ist die Seuche zwar noch nicht ausgerottet, aber es treten immer weniger Fälle auf. Wenn die inzwischen gewonnenen neuen Erkenntnisse richtig sind, wird BSE aber nie ganz auszurotten sein. Neurologen vermuten nämlich, dass es für die Entstehung von BSE mehrere Ursachen gibt, nicht nur die Ansteckung durch verseuchtes Schafffleisch- oder Knochenmehl. Es ist durchaus möglich, dass auch bei Tieren das Creutzfeldt-Jakob-Syndrom auftritt, welches auf einem genetischen Befehl beruht. Ein Mensch pro einer Million Bevölkerung ist von diesem genetischen Defekt betroffen. Dadurch, dass man heute viele Tiere testet, hat man inzwischen auch solche seltenen Fälle entdeckt, auch in Kanada und den USA.

Die Regierungskrise von 2002: Für Schwarz-Grün

2002 bin ich wieder stärker vom Geschehen daheim eingeholt worden. Nach den Knittelfelder Beschlüssen der FPÖ hatte deren damalige Regierungsmannschaft samt Partei- und Klubführung ihren Rücktritt angekündigt, Schüssel darauf die Koalition auf- und Neuwahlen angekündigt. Sie sind für ihn und die Volkspartei äußerst erfolgreich verlaufen, danach hat sich unter anderen Bedingungen als im Jahr 2000 neuerlich die Koalitionsfrage gestellt. Ich hätte es gerne gesehen, wenn es zu einer schwarz-grünen Koalition gekommen wäre, aber Schüssel hat sich letztlich anders entschieden. Das hat unserer dreißigjährigen Freundschaft keinen Abbruch getan, ebenso wenig wie seine Weichenstellung zwei Jahre zuvor. Es hat immer wieder Situationen gegeben, wo wir anderer, bisweilen sogar gegensätzlicher Meinung waren, ohne dass dies unsere persönliche Sympathie beendet hätte.

Dass das von mir im Jahr 2000 kritisierte Bündnis mit der FPÖ in seiner ersten Phase so rasch zerbrochen ist, habe ich als Bestätigung für meine Skepsis gewertet, dass es mit dieser Partei schwierig ist, eine staatspolitisch stabile Regierung zu bilden. Schüssel hat mir insofern Recht gegeben, als er mir gegenüber stets gesagt hat, für ihn komme es nicht in Frage, den Landespolitiker aus dem Süden in seine Regierung zu holen. Heute scheint mir Jörg Haiders Zeit endgültig vorbei zu sein.

Seine seit 20 Jahren fast unveränderten Parolen werden inzwischen von zwei völlig gegensätzlichen Exponenten vertreten, die beide nicht in seiner orangen Neupartei sind: von Heinz Christian Strache und Hans-Peter Martin. Beide scheinen mir aber nicht jene Attraktivität für die Wähler zu besitzen, die Haider lange Zeit zweifellos besessen hat – und die Frage nach ihrer Regierungsfähigkeit stellt sich schon deshalb nicht, weil beide nach eigenen Aussagen gar nicht regieren wollen. Mit Hans-Peter Martin hatte ich in meiner Brüsseler Zeit nie Probleme, zumindest hat er mir seine Wertschätzung meiner Tätigkeit immer wieder versichert. Nur seinen Stil, gegen vermeintliche oder tatsächliche Privilegien von Abgeordneten auch mittels Knopflochkamera vorzugehen, habe ich von Anfang an für völlig unakzeptabel gehalten. Strache hingegen hat einmal versucht, meine Kritik an einem überstürzten Beitritt der Türkei für sich zu vereinnahmen, persönlich bin ich ihm nie begegnet.

2002 hatte ich das Gefühl, auch Wolfgang Schüssel würde mit Schwarz-Grün liebäugeln, jedenfalls aber Willi Molterer, des Kanzlers Alter Ego. Mir wurde nach Abschluss der Regierungsverhandlungen gesagt, das Bündnis mit den Grünen sei insbesondere am Widerstand der Wiener Gruppe gescheitert, weil diese versucht hätte, ultralinke Forderungen durchzusetzen. Von den westösterreichischen Grünen kann ich das jedenfalls nicht behaupten, zu mehreren von ihnen hatte ich fast durchwegs positive Kontakte: Insbesondere mit jenen auf europäischer Ebene, also mit Johannes Voggenhuber oder Eva Lichtenberger, aber auch mit fast allen, die etwas mit Landwirtschaft zu tun haben.

Die größte Agrarreform in der Geschichte der EU

Die innenpolitischen Entwicklungen wurden aber rasch durch das größte Reformprojekt in der europäischen Agrarpolitik seit Bestehen der EU in den Hintergrund gedrängt. Der Kern dieser Reform aus dem Jahr 2003 bestand darin, den Zusammenhang zwischen Produktion und Förderung zu durchbrechen. Um die Bedeutung dieses Schrittes zu verstehen, muss man in den Geschichtsbüchern zurückblättern: Europa konnte sich nach Ende des Zweiten Weltkriegs nicht ausreichend mit Lebensmitteln versorgen, war ein großer Netto-Importeur. Während des Kalten Kriegs wuchs dann sehr stark das Bedürfnis nach Autarkie. Daher wurde ausgerechnet die Agrarpolitik zur ersten gemeinsamen europäischen Politik auserkoren. Man glaubte, die Selbstversorgung mit Lebensmitteln am besten dadurch erreichen zu können, dass man den Bauern zugestand, ihnen alles, was sie produzierten, zu staatlich garantierten Preisen abzukaufen. Eine solche Garantie ergab sich am einfachsten durch die Festlegung von Mindestpreisen. Das hat auch bestens funktioniert: Binnen zehn Jahren ist Europa autark geworden.

Nur begannen damit auch Probleme, die bis 2003 andauerten: Man hatte eine Produktionsmaschine geschaffen, die kaum mehr zu stoppen war. Vorerst schien die Lösung im Export zu liegen. Europa begann die Exporte zu subventionieren, gleichzeitig musste aber auch ein massiver Außenschutz geschaffen werden, um zu verhindern, dass immer mehr Agrarprodukte nach Europa strömten, wo so attraktive Preise gezahlt wurden. Trotz subventionierter Exporte waren die europäischen Produkte auf den Weltmärkten nicht mehr unterzubringen und man begann daher die Überschüsse einzulagern in der Hoffnung, sie später verkaufen zu können. So entstanden die berühmten Getreide- und Fleischberge, die Milch- und Weinseen, wie diese Pervertierungen einer gesunden Marktentwicklung beschönigend genannt worden sind.

Jedes Jahr wurde bei den berüchtigten Preisverhandlungen in Brüssel nächtelang um bessere Regelungen gerungen mit dem jeweiligen Ergebnis, dass sie viel Geld gekostet haben, die Einkommen der Bauern aber dennoch nicht gestiegen sind. 80 Prozent des gesamten Agrarbudgets gingen in Interventionen und Exportsubventionen auf. In der Folge geriet Europa international massiv unter Druck,

Verleihung des Ehrendoktors der Universität Bologna 2001

Ehrendoktorat in Kalifornien 1997 (oben), Ehrendoktorat in Polen 2005 (Mitte); die Verleihung der Schuman-Medaille 2004 (unten)

Kein Ehrendoktorat, sondern der Informelle Rat in Lissabon (alle Minister werden Mitglieder der portugiesischen Weinbruderschaft)

Beim Bergsteigen

Franz Fischler privat: Mit Ehefrau Heidi und Sohn Georg

Familie Fischler: zwischen Ehefrau Heidi und Franz Fischler Schwiegertochter Romedia, die Töchter

sind (von links nach rechts) zu sehen: Sohn Klaus, Ursula und Bernadette sowie Sohn Georg

insbesondere in der so genannten Uruguay-Runde, einer zwischen 1986 und 1994 tagenden Welthandelsrunde. In dieser Runde forderten die wettbewerbsstarken Agrarexportländer einen besseren Marktzugang für Textilien und Agrarprodukte in Europa und eine drastische Senkung der Exportsubventionen. Außerdem wurde erstmals die Senkung der wettbewerbsverzerrenden Agrarsubventionen – insbesondere in den USA und der EU – diskutiert. All das war ohne tief greifende Reformen nicht zu schaffen. Nachdem der erste Anlauf in den internationalen Verhandlungen, an denen ich noch als österreichischer Minister teilnahm, fehlgeschlagen war, startete der damalige Agrarkommissar Ray McSharry eine weit reichende Agrarreform. Als Folge davon wurden die Preisgarantien für Getreide und Rindfleisch zurückgefahren und die Einkommensverluste durch produktionsbezogene Direktzahlungen ausgeglichen. Zusätzlich wurde ein Flächenstilllegungsprogramm entwickelt und mit den Amerikanern ein Extraabkommen über die Limitierung des Ölsaatenanbaus in Europa geschlossen. Zwei Bereiche wurden von dieser Reform ausgespart: Milch und Zucker.

Der Agrarier als Landschaftspfleger

In der Agenda 2000 versuchte ich dann zentral zwei Dinge durchzubekommen: eine weitere Senkung der Preisgarantien, um Produktionsanreize weiter zu reduzieren, und eine generelle Veränderung des Zweckes der Agrarförderung: Man sollte nicht mehr nur die Agrarproduktion in der Förderpolitik berücksichtigen, sondern auch alle anderen Dienstleistungen, die von Landwirten erbracht werden, im Dienste der Landschaftspflege, einer ländlichen Entwicklungspolitik, Umweltschutz inklusive. Deshalb wurde die ländliche Entwicklungspolitik zur zweiten Säule der Agrarpolitik ausgebaut.

Im Jahr 2003 konnten wir dann den entscheidenden Schritt setzen und ein neues Kapitel der Agrarpolitik aufschlagen. Der Bauer wird nur mehr für das bezahlt, was er über die Produktion von Weizen, Fleisch und Milch hinaus sonst noch leistet. Es ging einerseits darum, die Direktzahlungen völlig von der Produktion abzukoppeln, andererseits aber eine neue Preis-Leistungs-Beziehung für den Landwirt als Produzent von öffentlichen Dienstleistungen einzuführen. Das hat den großen Vorteil, dass das Geld des Steuerzahlers für Zwecke verwendet wird, die von der Gesellschaft voll akzeptiert sind, wie eben Umweltschutz und Landschaftspflege. Dieses Konzept gibt aber zugleich dem Bauern seine unternehmerische Freiheit zurück. Er muss nicht mehr seinen Böden und seinen Haustieren maximale Leistungen abverlangen oder statt seinem Betrieb die Förderungen optimieren, um überleben zu können. Die größte Schwierigkeit dabei: Die Frage der Berechnung. Wir haben schließlich einen sehr pragmatischen Schlüssel gefunden: Die Mitgliedstaaten können sich nun zwei Möglichkeiten aussuchen: Entweder brechen sie nur den Bezug zur Produktion, bleiben aber beim bisherigen Niveau der Direktzahlungen je Betrieb, verbunden mit den Verpflichtungen zu Umweltschutz, Tierschutz und Landschaftspflege. Oder man sagt im Prinzip, bezüglich der Landschaftspflege ist jedes Hektar gleich viel wert, leitet jeder Region die bisherige Fördersumme zu und teilt sie aliquot auf jedes Hektar auf.

In beiden Fällen stellte sich auch die Frage, welche Umwelt- und Landschaftspflegeleistungen im Gegenzug eingefordert werden sollten.

Hier wurde nichts prinzipiell Neues eingeführt. Nach wie vor ging es um die Reinheit des Wassers, die Erhaltung der Bodenfruchtbarkeit, um Natur- und Landschaftsschutzmaßnahmen, vor allem aber darum, durch eine gute landwirtschaftliche Praxis die Qualität unserer Kulturlandschaften zu erhalten. Nur »Rasen mähen« oder mulchen würde also sicher nicht genügen.

Völlig neu ist aber, dass die Mitgliedstaaten regelmäßig überprüfen müssen, ob die Bauern ihre Verpflichtungen auch einhalten, sonst werden die Förderungen gekürzt oder gar zur Gänze gestrichen und müssen zurückbezahlt werden.

Nachdem Präsident Chirac im Jahr 1999 die Milchreform zu Fall gebracht hatte, gestand er aber am Ende der Verhandlungen zu, dass im Jahr 2003 die Situation neuerlich geprüft wird. Ich war danach oft in Paris und habe mit ihm auch persönlich die weitere Vorgangsweise diskutiert. Frage: Wenn sich die Situation für die Landwirte durch eine Reform verbessern würde, können wir dennoch keine Reform beschließen? Antwort: Sie dürfen die gesamte Agrarpolitik verändern, aber erst 2007. Interpretation aus meiner Sicht: Dann, wenn Chiracs Amtsperiode abgelaufen ist. Zusatzfrage meinerseits: »Wenn sich aber herausstellen sollte, dass man mit dem gleichen Geld die Sache im Interesse der Bauern verbessern könnte, müssen wir dann trotzdem bis 2007 warten?« Da hat mich der französische Präsident von der Seite angesehen und mir geantwortet: »In diesem äußerst unwahrscheinlichen Fall müssten wir intensiv nachdenken.«

Ich bin seit Beginn meiner Tätigkeit in der Kommission der fixen Meinung gewesen, wir müssten eine große, gerechtere Agrarreform schaffen, um dramatische Probleme auf den Weltmärkten vermeiden und die Unterstützung der europäischen Gesellschaften für die Anliegen der Landwirtschaft aufrechterhalten zu können. Ich habe da auch nach dem Teilerfolg von 2000 nicht locker gelassen. Der neue Vorschlag sah neben der bereits genannten Entkoppelung eine tief greifende Milchreform, die teilweise Übertragung von Fördergeldern in die ländliche Entwicklung, weitere leichte Preisanpassungen bei Getreide, eine besondere Förderung für nachwachsende Rohstoffe, eine Förderobergrenze je Betrieb und eine strikte Finanzdisziplin vor. Die Verhandlungen waren hart, schwierig und langwierig. Die ersten beiden Anläufe, mit den Ministern eine Entscheidung herbeizuführen, scheiterten. Beim dritten Anlauf habe ich nur mehr mit den Landwirtschaftsministern alleine verhandelt, ohne Beamte der Kommission und der Mitgliedsländer. Keiner hat den Raum verlassen, wir haben »Tacheles« geredet. Das war der Durchbruch. Das Lustige an den Reformen war: Als ich die Agenda 2000 vorgeschlagen hatte, waren anfangs alle dagegen. Bei den Verhandlungen über die Reform 2003 behaupteten die Bremser plötzlich, an der Agenda 2000 dürfe kein Beistrich geändert werden. Kaum war die Reform 2003 beschlossen, hieß es: Die Reform von 2003 ist die einzig richtige, an ihr darf nicht gerüttelt werden, schon gar nicht in Zusammenhang mit der neuen WTO-Runde.

Die Hälfte des EU-Budgets für die Landwirtschaft

Mit dieser Behauptung werden immer wieder zwei Vorwürfe verbunden: Erstens werde den Bauern das Geld nachgeworfen, um ihre machtvollen Lobbys ruhig zu stellen, und zweitens sollten die Mitgliedstaaten selbst mehr in die finanzielle Verantwortung genommen werden und sich nicht alles von Brüssel zahlen lassen.

Wird also den Bauern zu viel Geld gegeben? Zurzeit sind es etwas mehr als 40 Prozent des EU-Budgets, die in die Landwirtschaft fließen, in den nächsten fünf Jahren wird der Anteil auf ein Drittel des EU-Budgets sinken. Andererseits liegen in Österreich die Bauerneinkommen im Durchschnitt um etwa 30 Prozent unter denen der Industriebeschäftigten.

Meines Erachtens kommt es doch mehr darauf an, ob das Geld im Interesse der Steuerzahler eingesetzt wird und einen entsprechenden Nutzen für die Gesellschaft bringt. Das trifft wegen der fundamentalen Änderungen in der Reform des Jahres 2003 auch zu. Immer noch ungelöst ist eine bessere soziale Balance unter den Förderungsbeziehern. Ich bin daher auch davon überzeugt, dass die Debatte über Förderobergrenzen schon bald wieder auf die politische Tagesordnung zurückkommen wird.

Meiner Meinung nach wird für die Bauern generell nicht zu viel Geld ausgegeben, in den USA liegt die Fördersumme pro Landwirt zehnmal über jener der EU – freilich auch eine Folge der dort viel größeren agrarischen Einheiten. Der hohe Anteil des Agrarbudgets am gesamten EU-Budget hat seine Begründung in der Tatsache, dass die Landwirtschaft bis heute der einzige große Politiksektor geblieben ist, der auf Ebene der Gemeinschaft wahrgenommen wird.

Das bedeutet aber gleichzeitig, dass sich die Mitgliedstaaten in ihren nationalen Budgets die Agrarausgaben zu einem guten Teil ersparen. Man sieht das auch, wenn man den Anteil der Agrarausgaben an den gesamten europäischen und nationalen öffentlichen Ausgaben misst: Dieser beträgt gerade einmal ein Prozent. Bleibt die Frage, ob es nicht Sinn machen würde, einen Teil der Agrarausgaben in die Mitgliedstaaten zurückzuverlagern. An dieser Stelle lohnt es sich, prinzipieller nachzudenken: Macht es wirklich Sinn, dass von den Forschungsausgaben nur zehn Prozent vergemeinschaftet sind, 90 Prozent nach wie vor national ausgegeben werden, während es in der Landwirtschaft nahezu umgekehrt ist?

Die richtige Ebene für die Finanzierung einer bestimmten Politik ist wohl jene, in der die Mittel am effizientesten eingesetzt werden. Im Zeitalter wissensorientierter Gesellschaften und eines wachsenden Forschungsverbundes wäre es wohl nahe liegend, in der Forschungsförderung mehr europäische Zuständigkeit zu schaffen, während die Förderung der Landschaftspflege durchaus mehr regionale Nähe vertragen würde. Früher haben sich viele Mitgliedsländer dagegen gewehrt mit dem Argument, dass dies zu unsinnigen Wettbewerbsverzerrungen führen würde. Das war richtig, solange diese Förderungen produktionsbezogen vergeben wurden. Durch die Entkoppelung zwischen Produktion und Förderung gilt dieses Argument nicht mehr. Aber ein zweites sehr wohl noch: Wir brauchen nach wie vor einen agrarbudgetären Finanzausgleich. Frankreich etwa ist nach wie vor ein relativ bescheidener Nettozahler, weil es aus dem Agrartopf viel mehr herausbekommt, als es einzahlt. Das ist in den Augen der Briten eine Art »Franzosen-Rabatt«, während sie sich den ihren, der seine Basis ebenfalls in der Agrarfinanzierung hat, permanent vorhalten lassen müssen. Das ist der Hintergrund für den andauernden französisch-britischen Finanzstreit in der EU.

Deutsche Musterschüler, reformfreudige Neue

Die Deutschen dagegen sind nach wie vor der größte europäische Lastenträger. Das hat weniger mit historischen Erfahrungen zu tun und nur marginal damit, dass sie einmal auch die schlechtesten Europäer waren. Sondern mehr damit, dass in Zeiten der deutschen Hochkonjunktur eine Art französisch-deutscher Deal unausgesprochen akzeptiert wurde: Die Franzosen machen in Absprache mit den Deutschen die Politik, die Deutschen zahlen sie.

Die neuen Mitgliedsländer der EU – aus den 15 wurden 2005 25 – gehören eher zu den reformfreudigeren, befürworten vor allem auch eine Senkung der Kosten für die Agrarpolitik. Alle Aufnahmebedingungen der zehn neuen Mitglieder wurden von mir im Vorfeld der Beitrittsverhandlungen mit dem Kommissar Günter Verheugen vereinbart und haben danach gehalten. Dabei wird allein der Agrarsektor in Polen so viel kosten wie in allen anderen neuen Mitgliedstaaten zusammen, aber trotz seiner Größe bei weitem weniger als in Frankreich. Wenn die vereinbarte Übergangsfrist vorbei ist, bekommt ein polnischer Bauer pro Hektar etwa ein Drittel dessen, was ein französischer Landwirt erhält. Im Vergleich zu den früheren Reibungsflächen bei Agrarverhandlungen hat es bei den Aufnahmegesprächen mit den zehn Neuen erstaunlich wenige Probleme gegeben, wenn auch beträchtliche Unterschiede.

Polen ist mit Ausnahme der Staaten Ex-Jugoslawiens das einzige ehemalige kommunistische Land, in dem es zu keiner Vergesellschaftung der Landwirtschaft gekommen war. In der Slowakei, in Tschechien, in Ungarn und den drei baltischen Ländern hat es überall Staatsbetriebe und Staatsgenossenschaften gegeben und damit ganz andere Voraussetzungen für die Privatisierung. Außerdem ist die Landwirtschaft insbesondere in den südlichen und östlichen Provinzen Polens nur deshalb so dominant, weil es dort schlicht und einfach kaum Gewerbe und Industrie und damit keine außerlandwirtschaftlichen Arbeitsplätze gibt. Im hohen Prozentsatz der landwirtschaftlichen Bevölkerung Polens verbirgt sich daher eine Menge versteckter Arbeitslosigkeit, mehr ein soziales als ein agrarisches Problem. Das kann man nicht durch die Schaffung größerer Bauernhöfe lösen, weil damit nur die Zahl der Arbeitslosen noch weiter erhöht würde. Sondern nur durch Investoren, die bereit sind in Unternehmen außerhalb der Landwirtschaft zu investieren.

Positive Erweiterung, dennoch Skepsis

Ich halte die vergangene Erweiterung der EU nicht nur wegen der guten Entscheidungen im Agrarsektor für immens positiv, und das für beide Seiten, sondern es ist damit ein endgültiger Schlussstrich unter die kommunistische Ära gezogen worden. Österreich ist der größte Profiteur. Schon fast unzählige Studien beweisen, dass keine Volkswirtschaft der EU von der Erweiterung so profitiert wie die unsere. In Österreich wurde und wird diese Wirkung unterschätzt, sie ist in Wirklichkeit noch viel positiver, als wir Kommissare in Brüssel das geglaubt haben. Andererseits waren und sind auch fast nirgendwo die Bedenken gegen die Erweiterung so groß wie in Österreich. Das ist mit Logik nicht erklärbar, eher mit hiesigen Emotionen, aber auch mit Fehlern der EU.

Zweifellos hat die Union bisweilen den Fehler begangen, allzu viel reglementieren zu wollen, oft auch als Antwort auf die Reglementierungswut einzelner Nationalstaaten. Sie hat angefangen, sich in Dinge einzumischen, von denen sie besser die Finger gelassen hätte. Aber ebenso zweifellos wäre eine Rückentwicklung der europäischen Integration ein noch viel verhängnisvollerer Fehler, dessen Wahrscheinlichkeit derzeit leider größer ist als die nötige weitere Vertiefung der politischen Union. Nur so, verbunden mit einer weiteren Abgabe nationaler Souveränitäten, könnte verwirklicht werden, was die Mehrzahl der Europäer – in dieser Hinsicht leicht schizophren – auch will: Im Weltorchester wenigstens in der ersten Reihe mitspielen zu können, wenn schon nicht die erste Geige.

Eine europäische Identität gibt es nur in Ansätzen, am ehesten in Form der Abgrenzung gegenüber anderen Kontinenten, insbesondere dem nordamerikanischen. Und am ausgeprägtesten in der kulturellen Vielfalt Europas. Im Empfinden der Menschen dominiert natürlich die nationale und regionale Identität. Um zusätzlich eine europäische zu stärken, sind gezielte identitätsschaffende Initiativen notwendig, wie zum Beispiel das gemeinsame europäische Geld. Es mangelt jedoch an Einrichtungen, mit denen der europäische politische Wettbewerb gestaltet werden könnte. Auf politischer Ebene existiert bloß die nationale Sicht europäischer Fragen, es gibt eine deutsche Europapolitik, eine britische, eine französische, eine österreichische, aber bisher viel zu wenig eine europäische. Die Konsequenz ist klar: Wenn in Brüssel eine Entscheidung fällt, an der alle Mitgliedstaaten mitwirken, kommt fast nie ein Politiker nach Hause und verkündet: »Wir haben in Brüssel beschlossen.« Da heißt es entweder »Ich habe in Brüssel durchgesetzt« oder bei unangenehmen Entscheidungen »Brüssel hat entschieden«. Das ist ein Schwachpunkt, der der Konstruktion Europas schon seit Beginn innewohnt.

Das Klima in der Kommission Prodi

Mit Romano Prodi habe ich ähnlich freundschaftliche Beziehungen entwickelt wie zuvor mit Jacques Santer. Dass Schüssel im italienischen Wahlkampf bei einer Tagung der Europäischen Volkspartei Prodis Konkurrenten Silvio Berlusconi »Alles Gute, Silvio!« zugerufen hat, ist wohl nur mit Parteiloyalität zu erklären. Ich hielt es jedenfalls ähnlich wie übrigens Helmut Kohl für sehr gut, dass Prodi im Frühjahr 2006 Berlusconi als Ministerpräsident abgelöst hat, auch, dass Schüssel ihn in Wien danach wieder freundschaftlich empfangen hat. Berlusconi scheint mir alles andere als ein seriöser Politiker zu sein und er hat sich auch gegenüber der EU so verhalten, wie das allzu viele seines Zuschnittes tun: Wenn etwas gut lief, hat er das innenpolitisch für sich verbucht, wenn etwas für ihn weniger günstig ausfiel, hat er auf Brüssel geschimpft.

Prodi hat mir in Sachen Agrarpolitik völlig vertraut, ähnlich wie schon Santer vor ihm. Neben ihm gab es wie auch schon in der vergangenen Periode einige besonders starke Kommissare, Mario Monti etwa, den italienischen Wettbewerbskommissar, den französischen Handelskommissar Pascal Lamy, die spanische Vizepräsidentin Lojola de Palacio oder den britischen Außenkommissar Chris Patten. Prodi ist mit ihnen wie mit uns allen anderen stets sehr kooperativ umgegangen und hat versucht, als guter Moderator unsere Wünsche zu berücksichtigen. Auch das ist dem oft unterschätzten gewieften Strategen zu Unrecht bisweilen als Schwäche ausgelegt worden.

In Wirklichkeit hatte er für sich in der Regel bald entschieden, welcher Weg in einer politischen Frage einzuschlagen war. Er ist nicht der Mensch, der sich unbedingt in den Mittelpunkt rücken muss, im Gegenteil: Wenn sich die Kommission als Ganzes gut präsentiert hat, war er am zufriedensten. Allerdings ist er kein guter Kommunikator, spricht oft undeutlich, manchmal unverständlich. Oft haben sich Journalisten bei Pressekonferenzen darüber beschwert. Da haben ihre italienischen Kollegen sie beschwichtigt: Man dürfe nicht glauben, dass er in seiner Landessprache deutlicher zu verstehen sei. Solche Schwächen hat er durch seine Stärken bei weitem kompensiert. Wenn er bei Sitzungen manchmal mit geschlossenen Augen dasaß, durfte man nicht glauben, er sei eingenickt: Er hat in Wirklichkeit alle Beiträge aufgenommen und danach je nach Bedarf verwertet.

Agrarpolitik: Differenzen mit den USA

In den transatlantischen Beziehungen hat die Agrarpolitik immer schon eine große Rolle gespielt. Natürlich hatten wir auch manche heftige Sträuße auszufechten. Von der WTO wurden wir zur Zahlung von Strafzöllen verdonnert, weil wir amerikanisches Hormonfleisch nicht am europäischen Markt zugelassen haben. Der Bananenstreit hat uns ebenfalls über viele Jahre beschäftigt und heute noch sind nicht alle Bedingungen für den internationalen Bananenhandel geklärt.

Später sind dann die Differenzen wegen der agrarischen Genprodukte dazugekommen. Bis 2003 galt ein Moratorium der EU, wonach es für den europäischen Markt keine Neuzulassungen von genmodifizierten Produkten geben durfte. Diese europäische Regelung erwies sich bald als unzeitgemäß, mein dafür zuständiger Kollege, der irische Gesundheitskommissar David Byrne, entwickelte daher zwei neue: eine, die die Zulassungsbedingungen für den europäischen Markt zum Inhalt hatte, und eine andere für die Kennzeichnung, damit die Konsumenten zwischen Produkten entscheiden können, die aus genmodifizierten Organismen stammen oder bei denen dies nicht der Fall ist.

Für die Zulassung macht es einen großen Unterschied, ob zum Beispiel der Import einer genmodifizierten Maissorte für die Verarbeitung zu Cornflakes vorgesehen ist oder für den Anbau in Europa. Logisch: Wenn der Mais gleich verarbeitet werden soll, muss ich mir über die Umweltwirkung nicht sehr den Kopf zerbrechen, im anderen Fall sehr wohl.

Jedenfalls ist es aber unverzichtbar, dass Produkte, die auf Basis von genmodifizierten Organismen hergestellt werden, entsprechend gekennzeichnet sind. Ich hoffe, dass die überseeischen Entscheidungsträger wissen, dass sie mit dem Verlust der Wahlfreiheit für die Konsumenten auch selbst mehr verlieren als gewinnen würden.

Die Zukunft der Gentechnik

Sosehr sich die Gentechnik in der Pharmazie und in der Diagnostik von Erbschäden und Krankheiten durchgesetzt hat und längst lebensrettend geworden ist, so sehr wird die Gentechnik in der Nahrungsmittelproduktion – die grüne Gentechnik, wie sie auch genannt wird – bekämpft. Das mag sicher auch mit Informationsmängeln, mehr noch mit dem Mangel an Nutzen für die Konsumenten zusammenhängen und mit den praktischen Schwierigkeiten, die sich für die Landwirte beim Anbau ergeben. Gerade in einem Land wie Österreich mit seinen klein strukturierten Ackerparzellen ist es schwierig, bisweilen unmöglich, ein Nebeneinander von gentechnikfreiem Anbau und der Verwendung von GMOs Genetically Modified Organisms) zu realisieren. Man muss jedoch auf jeden Fall sicherstellen, dass die Biobauern und alle anderen, die keine GMOs auf ihren Feldern haben wollen, davon auch verschont bleiben. Man sollte aber auch der Entwicklung der Biotechnologie gegenüber offen bleiben und zwischen der Gentechnik als Konzept und ihrer bisher in vielen Augen wenig Nutzen stiftenden Anwendung unterscheiden. Man kann Gentechnik ja auch so anwenden, dass man nicht unbedingt am Genom manipuliert und irgendwelche Fremdgene einkreuzt, sondern dass man diese Technik einfach als Zuchtmethode verwendet, um damit wesentlich gezielter und schneller, mit weniger Ausschuss und Abfall neue Sorten herstellen zu können.

Schon in meiner Ministerzeit gab es an der Universität für Bodenkultur ein Institut, dessen Mitarbeitern es gelang, mit Hilfe von Gentechnik alte Obstsorten, beispielsweise Äpfel und Marillen, von Viruserkrankungen zu befreien. Ich lernte dieses junge Wissenschaftlerteam, das sehr engagiert und international bereits bekannt war, kennen und es hat mir Leid getan, weil es für die Fortsetzung seiner Forschungstätigkeit kein Geld hatte. Ich habe daher einen privaten Spender aufgetrieben, der zwei Millionen Schilling zur Verfügung stellte, die es dem Team ermöglichten, eine ganze Reihe von Sorten virusfrei zu machen. Dann aber wurde ihnen auf Druck irgendwelcher Lobbys untersagt, die gesundeten Bäume ins Freie zu pflanzen – absurd!

Prinzipiell bin ich überzeugt, dass wir auf die Gentechnik noch angewiesen sein werden. Es wäre insbesondere interessant, sie zur Zucht von Pflanzen einzusetzen, mit denen die Produktion von Biomasse besser gelingt. Zwei Dinge müssen aber unangetastet bleiben: erstens die Kennzeichnungspflicht für alle Produkte, die aus genmodifizierten Produkten hergestellt werden. Und zweitens muss man zur Kenntnis nehmen, dass in etlichen Regionen Österreichs kein Nebeneinander von traditioneller Produktionsweise und einer mit Hilfe von Gentechnik organisiert werden kann. Jedoch Österreich insgesamt aus dogmatischen Gründen zur gentechnikfreien Zone zu erklären, das ist eindeutig der falsche Weg.

Probleme mit Agrartransporten

Die wachsende Globalisierung fördert – wie wir längst wissen –, dass die Produktion der verschiedenen Güter zum günstigsten Standort wandert. Wenn dann jeder das produziert, was er am besten kann, steigt dadurch zwar der globale Wohlstand, aber auch der Welthandel und damit die weltweiten Transporte. Diese Tendenz findet nur dort ihre Grenzen, wo entweder rechtliche Einschränkungen in Form des Außenschutzes bestehen oder wo die Transportkosten die Vorteile der günstigeren Produktionskosten zu übersteigen beginnen.

Umso wichtiger ist es daher, dass in Bezug auf die internationalen Transporte Kostenwahrheit herrscht. Und genau das ist nicht der Fall. Die schädlichen Umweltwirkungen des Verkehrs werden zur Gänze aus den Kosten ausgeblendet und der internationale See- und Luftverkehr genießen sogar das Privileg, dass für sie die Treibstoffe steuerfrei sind.

Aber das ist kein Phänomen der EU, sondern des internationalen Handelssystems, dagegen müsste man auf WTO-Ebene vorgehen. Freilich: Selbst wenn man gerechterweise die Kostenwahrheit durchsetzen würde, hieße das nicht, dass der Welthandel mit Agrarprodukten aufhören würde; die Kostenunterschiede zwischen den verschiedenen Produktionszonen der Welt sind für einzelne Produkte weit größer als die Transportkosten.

Anders liegen die Probleme vor allem bei den Schlachttiertransporten innerhalb der EU. Hier kann die EU eigenständig handeln. Sie hat auch die Transportbedingungen wesentlich verschärft. Dass aber Schlachtpferde aus Polen, der Slowakei oder Ungarn auf dem Landweg nach Koper oder Triest gekarrt werden und dann auf dem Seeweg nach Süditalien, um zu italienischer Salami verarbeitet zu werden, das gehört ganz einfach abgestellt. Diese Tiere werden nur deshalb nach Süditalien verfrachtet, weil die dortigen Schlachthöfe zu Beginn der Siebzigerjahre mit den ersten Strukturhilfsprogrammen für Kalabrien und Apulien subventioniert worden waren – ein Beispiel unsinniger Struktur- und Regionalpolitik.

Gegen die internationalen Transporte von Lebendschlachtvieh ist dagegen sehr wohl etwas unternommen worden. Die EU hat die Exportsubvention dafür gestrichen, Lebendexporte ins EU-Ausland – in den letzten Jahren ohnehin nur mehr von Irland durchgeführt – gibt es nicht mehr.

Bananen, Gurken, Marmelade, Brettljause

Alles Beispiele angeblichen EU-Unsinns. Die berühmt-berüchtigte Messung von Gurken- und Bananenkrümmungen hat rationale Ursachen: Bananen und Gurken werden international nach genormten Boxen und nicht per Kilo gehandelt, es macht daher einen Riesenunterschied, ob in einer solchen Box einigermaßen gleichmäßig oder ganz unregelmäßig gekrümmte Früchte liegen. Der Wunsch nach einer Standardisierung ist daher verständlicherweise vom Handel selbst gekommen. Dass dabei von der EU auch der Krümmungsradius vorgeschrieben wird, wie in Österreich oft behauptet, ist ein Unsinn: Weder bei Bananen noch bei Gurken ist das der Fall. Warum man allerdings nicht einfach auf Gewichtsbasis handelt, ist vorläufig noch immer ein Rätsel.

Auch der in Österreich herbeigeschriebene Konflikt um die Marmelade sagt eher mehr über unser Land als über die EU insgesamt aus. Seit über zwanzig Jahren gibt es nämlich in der EU eine Bestimmung, die durch die angelsächsische und romanische Tradition beeinflusst wurde. Marmelade heißen dort nur Produkte, die aus Zitrusfrüchten hergestellt werden, also zum Beispiel Orangenmarmelade. Die anderen heißen eben »Jam« oder »Konfitüre«. Seit über 20 Jahren bestehen in der EU auch Qualitätsnormen, unter anderem, wie hoch der Fruchtanteil im Marmeladeglas sein muss. Schon als Österreich 1994 dem EWR (Europäischer Wirtschaftsraum) beitrat, hat es auch die einschlägigen Bestimmungen mit ihren Bezeichnungen akzeptiert und diese daher in den EU-Beitrittsverhandlungen gar nicht mehr thematisiert. Es gab längst eine »Österreichische Konfitürenverordnung«, erlassen von der damaligen Gesundheitsministerin Christa Krammer.

Eines Tages bekam ein Marmeladenhersteller aus der Wachau einen Strafbescheid von der Kremser Bezirkshauptmannschaft wegen mangelnder Qualität seines Produktes und der falschen Verwendung des Begriffes »Marmelade«. Er instrumentalisierte dagegen die europakritische Stimmung und behauptete, die EU untersage ihm plötzlich die Bezeichnung »Marmelade«. Sofort haben etliche Minister und sogar der Bundespräsident in Brüssel protestiert, der Landeshauptmann von Niederösterreich sowieso. Vertreter der Marmeladenindustrie hingegen verlangten, dass an der bestehenden Regelung ja nichts geändert werden dürfe. Ich habe dann einen Kompromiss finden müssen und auch gefunden: Die großen industriellen Produzenten müssen sich an die Verordnung, wie sie ist, halten, für den Direktverkauf oder auf Bauernmärkten kann die Bezeichnung »Marmelade« verwendet werden. Das war schon das Ende dieser »Staatsaffäre«.

Es hat in Österreich noch zwei andere, ebenso unsinnige wie unrichtige Kampagnen gegeben. In etlichen Buschenschenken und Heurigen wurden Schilder ausgehängt, wonach die EU das Anbieten traditioneller Brettljausen untersage – kein Wort wahr, es hat nie eine derartige Vorschrift gegeben. Ich habe nie herausgefunden, wer hinter dieser Propaganda stand. Anders war das bei den Schwalbennestern: Da stand in der »Kronen Zeitung«, die EU verlange, dass Schwalbennester in Kuhställen entfernt werden müssten – das war eine Erfindung einiger freiheitlicher Tierärzte aus Kärnten.

Die Entwicklung in der Welthandelsorganisation WTO

Ernstlicher beschäftigt hat mich gegen Ende meiner zweiten Amtsperiode der Start und Verlauf der neuen WTO-Runde. Nach dem Fehlschlag, in Seattle eine Millenniumsrunde zu starten, ist es dann in Doha gelungen, eine neue Verhandlungsrunde in Gang zu setzen. Dafür war es notwendig, die ursprünglichen, hoch gesteckten Ziele zurückzustutzen und vor allem den Entwicklungsländern eine Sonderbehandlung in Aussicht zu stellen.

In der Doha-Runde traten der Handelskommissar Pascal Lamy und ich immer wie siamesische Zwillinge auf: In einem gemeinsamen Brief schlugen wir vor, dass alle 141 WTO-Staaten ihre Exportsubventionen abschaffen sollten. Dagegen leisteten die Amerikaner den größten Widerstand, aber auch sonst so liberale Staaten wie Kanada und Australien, die ihren Export von Milchprodukten und Getreide über Staatshandelsfirmen abwickeln, wollten erreichen, dass nur die anderen ihre Subventionen aufgeben sollten.

Mitte 2004 kam in Genf ein Rahmenabkommen für den Agrarhandel zustande, eigentlich das Ende meiner Tätigkeit als agrarischer Chefverhandler der EU. Diese WTO-Runde wäre schon vor Jahren zusammengebrochen, hätten wir Europäer sie nicht am Leben erhalten. Unsere Zugeständnisse waren wiederum nur durch die erfolgreiche Reform möglich, die uns einen entsprechenden Spielraum gebracht hatte: Wir konnten seither nachweisen, dass die europäische Agrarpolitik heutzutage wesentlich moderner ist als die amerikanische, weil unser Förderungssystem nicht mehr handelsverzerrend ist, während in den USA die Handelsverzerrung durch die Einführung konterzyklischer Zahlungen noch größer geworden ist.

Der Eintritt Indiens und Chinas in den Weltmarkt wird sich auch auf dem Agrarsektor stark auswirken. China, erst seit kurzem Mitglied der WTO, wird nicht mehr sehr viele Konzessionen machen, weil es schon für den Beitritt viele leisten musste. Bei Indien ist die Lage schwieriger: Seine Agrarpolitik ist sehr zurückhaltend, in einigen seiner Teilstaaten gibt es große Widerstände gegen die WTO unter dem Motto »Quit the WTO!«. Außerdem gibt es in Indien für etliche Bereiche, etwa für Reis, enorme Zölle von mehreren hundert Prozent, da gibt es kaum den Willen zu einer Änderung. Diese und ähnliche Probleme kann man nur lösen, indem man den Entwicklungsländern weniger abverlangt als den Industriestaaten. Und indem man gerade in Agrarfragen mit der notwendigen Sensibilität agiert.

WTO: Zurück an den Start

Die Gespräche über eine weitere Liberalisierung des Welthandels sind von Anfang an unter einem schlechten Stern gestanden. Europa und die USA sind in Seattle im Jahr 2000 mit riesigen Ambitionen gestartet, wollten nicht nur den Handel an sich freier gestalten, sondern zusätzlich Sozial- und Umweltaspekte in die Welthandelsregeln einbauen, die internationale Korruption bekämpfen und vor allem auch die Chancen für die Entwicklungsländer verbessern. Der erste Fehlschlag.

Dann ist es 2001 in Doha endlich gelungen, eine neue Welthandelsrunde auf den Weg zu bringen. Aber um den Preis: Damals bereits mussten die hochfliegenden Ambitionen, Handelsbedingungen mit Sozial- und Umweltstandards zu kombinieren, fallen gelassen werden; dafür wurde als zusätzliches Thema die mangelnde Implementierung der vorherigen Runde in den Entwicklungsländern aufgenommen.

Zwei Jahre später dann ein neuerlicher Fehlschlag in Cancun (Mexiko). Im Jahr 2004 gelang es dann endlich, einen Verhandlungsrahmen für den Agrarsektor abzustecken, dennoch gab es im Jahr darauf in Hongkong wieder keinen Fortschritt. Und jetzt im Sommer 2006: Der Tod der Runde.

Manche glauben, die Welthandelsrunde liegt »nur« im Koma. Viele denken, selbst wenn das der Fall sein sollte, wird sie daraus nicht mehr erwachen.

Welche Folgen hat das für Europa und die übrige Welt, was läuft da schief?

Die Europäische Union als der zweitgrößte Exporteur der Welt hat ein riesiges Interesse daran, den Marktzugang für seine Industrieprodukte zu verbessern. Dafür war sie bereit, auf einen beträchtlichen Teil ihrer Agrarexporte zu verzichten, indem sie ankündigte, die Exportsubventionen auslaufen zu lassen. Sie offerierte auch eine beinahe 50-prozentige Reduktion der Agrarzölle.

Die Schwellenländer wie Brasilien, China oder Indien akzeptieren allerdings nur bescheidene Verbesserungen für den Industrie- und Dienstleistungssektor. Dennoch waren die EU-Verhandler bereit abzuschließen, wenn auch die USA einen Beitrag leisten und ihre wettbewerbsverzerrende Agrarpolitik reformieren. Europa war also bereit einen hohen Preis zu zahlen – zum Unterschied zu den anderen großen Partnern. Die Agrarexportländer – allen voran Brasilien – wären die großen Gewinner gewesen, und bei den USA ist es nur darum gegangen, dass deren Zugewinn etwas geringer ausgefallen wäre, als sie es ihren Farmern in Aussicht gestellt hatten. Das amerikanische Verhalten ist daher wohl nur wahltaktisch zu erklären, schließlich sind ja demnächst Kongresswahlen.

Die Folge des Zusammenbruchs der Verhandlungen werden mehr Streitigkeiten und damit mehr WTO-Verfahren sein, aber vor allem ist er ein Dämpfer für die Weiterentwicklung des Multilateralismus und er vermindert Chancen für viele Entwicklungsländer.

Was tun? Man wird am Ende nicht darum herumkommen, einige zentrale Fragen zu diskutieren und daraus die notwendigen Lehren zu ziehen: Ist wirklich nur das Ausmaß an Ambition das entscheidende Kriterium für solche Verhandlungen? Ambition läuft gegen die Zeit. Hätte man sich auf Basis von weniger krassen Forderungen früher geeinigt, wäre man jetzt schon in der Umsetzung und per Saldo wäre der Fortschritt größer. Abgesehen davon weiß jeder Insider, dass auch diese Runde nicht die letzte sein wird. Ist es wirklich auf Dauer akzeptabel, dass nur ein Teil der Völkergemeinschaft Umweltabkommen wie Kyoto oder das Biosafty-Protokoll akzeptiert, dafür aber die Nichtunterzeichner sich im Handelssystem einen Vorteil holen?

Kann man auch in Zukunft Länder wie Brasilien oder Argentinien gleich behandeln wie Burkino Faso oder Indonesien? Warum kann »Fair Trade« kein Leitbild für den internationalen Handel sein?

Freier Handel und fairer Handel müssen keine Gegensätze sein, daher ist es besser, neu zu starten, als zu riskieren, dass der Unilateralismus fröhliche Urständ feiert.

Österreich, der kleine Bruder Deutschlands?

Der derzeitige EU-Vizepräsident Verheugen ist in Österreich nicht besonders beliebt, das hat ihn ein wenig geärgert, weil er – wie ich – der Meinung ist, dass man ihm Unrecht tut. Diese Unbeliebtheit mag mit seinem persönlichen Auftreten zu tun haben, mehr noch aber mit generellen antideutschen Klischees in Österreich, hervorragend dokumentiert in Felix Mitterers »Piefke-Saga«. Wir fühlen uns oft als der kleine Bruder Deutschlands und leiden damit unter einem ähnlichen Syndrom wie die Iren gegenüber den Briten oder abgemildert die Portugiesen gegenüber den Spaniern. Kleine Brüder stehen – real oder auch nur fiktiv – im Schatten des größeren und glauben deshalb, besonders aufmüpfig sein zu müssen, um ausreichend aufzufallen. Wahlweise ist man dann besonders anhänglich – wie Österreich in einer besonders schlimmen Periode des vergangenen Jahrhunderts – oder besonders abwertend. Jedenfalls besonders stolz darauf, einmal im direkten Vergleich erfolgreich gewesen zu sein – Stichwort Córdoba 1978.

In der Kommission selbst habe ich nichts davon bemerkt, dass Österreich als kleiner Bruder Deutschlands angesehen worden wäre. Überhaupt haben die deutschen Kommissare eher selten die nationale Karte gespielt, mit einer Ausnahme: Sie legten immer besonderen Wert auf die Pflege der deutschen Sprache als eine der drei Arbeitssprachen der EU. Zudem zeigten sie extrem großes Interesse an der Agrarpolitik: In meinen zehn Jahren als Agrarkommissar bin ich jedes Jahr in den Deutschen Bundestag zu Sitzungen des Europaausschusses eingeladen worden, in Österreich nur ein einziges Mal. Die agrarpolitische Position Deutschlands war freilich stets schwächer, als es seinem Status als größtes Mitgliedsland der EU entsprochen hätte, obwohl sich sowohl Helmut Kohl als auch Gerhard Schröder – auch Angela Merkel schon vor ihrer Wahl – regelmäßig von mir informieren ließen. Denn Deutschland ist in sich agrarpolitisch häufig gespalten, nicht nur wegen der Bayern, denen es nie genügt hat, wenn ich nur nach Berlin gereist bin, sondern vor allem wegen der unterschiedlichen Strukturen zwischen Nord und Süd und zwischen den alten und neuen Bundesländern.

Ich habe das insbesondere erlebt, als mit Renate Künast erstmals eine grüne Politikerin das Agrarressort übernommen hatte. Anfangs gab es viele interne Reibereien, dann zeigte diese Frau aber bald ihre Qualitäten und leistete vor allem bei der Agrarreform 2003 zwischen Deutschland und Frankreich ungeheuer wertvolle Vermittlungsdienste. Die deutsch-französische Achse hat sich in der Schröder-Chirac-Ära nämlich anders präsentiert als in den Zeiten Kohl-Mitterrand. In Brüssel wurde oft gewitzelt, Schröder sitze am Schoß von Chirac.

Meine Politik als EU-Kommissar habe ich völlig eigenständig gestaltet und nie jemand vorher gefragt, ob ich das oder jenes Detail so oder anders machen solle. Nach Österreich habe ich weiter regelmäßigen Kontakt zu Bundeskanzler Schüssel, zum Landwirtschaftsminister, zur Interessenvertretung und zu den Ländern gehalten.

Die Türkei-Frage

In Österreich habe ich gegen Ende meiner Amtsperiode durch meine Warnungen bezüglich eines quasi-automatischen EU-Beitrittes der Türkei Aufsehen erregt. Inzwischen sehe ich mich durch die Entwicklung bestätigt. Die Haltung der Mitgliedstaaten ist über weite Strecken eine Fortsetzung der doppelbödigen Politik, die sie gegenüber der Türkei seit Jahrzehnten betrieben haben. Es ist in einem hohen Maße unfair, in Brüssel und gegenüber Ankara zu sagen, man verhandle mit dem Ziel des Beitritts, und zugleich der Bevölkerung daheim zu bedeuten, sie könne dann nach dem Ende der Verhandlungen in einem Referendum dagegen stimmen. Wenn dies eintreten sollte, wenn man jetzt 15 Jahre weiterverhandelt und dann die Tür wieder zuschlägt, werden die jetzigen Argumente ins Gegenteil umschlagen: Dann werden in der Türkei antieuropäische Fundamentalisten gestärkt statt geschwächt werden.

Aus meiner Sicht gibt es keine Patentlösung: Man muss einerseits anerkennen, dass die Türkei auf Grund von dreißigjährigen Versprechungen Anspruch auf einen Sonderstatus gegenüber der EU hat; dass aber andererseits ausschließlich auf einen Beitritt ausgerichtete Verhandlungen enorme Risiken in sich bergen – vor allem auch für den Fall, dass der Beitritt schließlich an negativen Stimmungen in Europa scheitert –, muss man ebenfalls in die Planungen mit einbeziehen. Daher muss man – siehe das positive Beispiel Schweiz – Schritt für Schritt konkrete Formen der Zusammenarbeit entwickeln und diese ausbauen. Wobei eine große Rolle spielt, dass die Beitrittsverhandlungen mit der Türkei von vornherein anders ablaufen als in der Vergangenheit. Es werden von den Mitgliedstaaten vor Beginn und vor dem Schließen der einzelnen Verhandlungskapitel jeweils Bedingungen vereinbart, die von der Türkei erfüllt werden müssen, damit ein Kapitel geöffnet oder geschlossen werden kann. Das bedeutet entgegen der bisherigen Praxis, dass die Beitrittsbedingungen nicht erst zum Zeitpunkt des Beitritts, sondern im verlangten Ausmaß schon Jahre vor dem Beitritt erfüllt werden müssen. Dieser Reformdruck entspricht zwar durchaus den Eigeninteressen der türkischen Regierung, erhöht aber die Gefahr, dass bei einem negativen Ausgang des Beitrittsprozesses die Frustration in der Türkei umso größer sein wird – mit entsprechend gefährlichen politischen Konsequenzen, nicht nur für die Türkei.

Es gibt aber von manchen Mitgliedstaaten auch massive Interventionen für einen möglichst raschen Beitritt der Türkei. Vor allem die Briten setzen sich in Übereinstimmung mit den USA sehr dafür ein, weil sie jede Friktion in der NATO vermeiden wollen. Natürlich gibt es auch starke Wirtschaftsinteressen auf beiden Seiten, auch von Seiten der türkischen Industrie. Und schließlich sind auch jene – wieder vor allem die Briten – für einen schnellen Vollbeitritt, die in der EU lieber eine reine Wirtschaftsunion sehen wollen als ein auch politisch funktionierendes Gebilde. Einen eigenen Weg geht in dieser Frage Jacques Chirac: Obwohl sowohl seine Bevölkerung als auch seine Regierung mehrheitlich gegen einen Vollbeitritt der Türkei opponieren, setzt er sich sehr dafür ein. Er glaubt wohl, auf diesem Weg taktisch am besten eine politische Union »à la carte« erreichen zu können: ein Kerneuropa, das nicht mehr allen anderen offen steht, einen europäischen Exklusivklub einiger weniger Länder unter Führung Frankreichs.

Im Gegensatz dazu bin ich auch in der Erweiterungsfrage für kompromisslose Ehrlichkeit: Es war richtig, 2004 auf einmal zehn neue Mitgliedsländer aufzunehmen und mit diesem Paukenschlag einen Schlussstrich unter die alte Ost-West-Teilung Europas zu ziehen. Es war auch richtig, ungeachtet des Datums 2007 oder 2008 Bulgarien und Rumänien den Beitritt in Aussicht zu stellen und Kroatien einen solchen vorläufig leider ohne Terminvorgabe. Man sollte den anderen Balkanländern wie Serbien, Montenegro, Bosnien, Albanien und Mazedonien zwar nicht die Beitrittsperspektive nehmen, ihnen aber ebenso reinen Wein einschenken wie der Türkei: Selbst wenn diese Länder sich weiter gut vorbereiten, gibt es auf Grund der internen Probleme in der Union keinen Beitrittsautomatismus, sehr wohl aber die Sinnhaftigkeit, die Zwischenperiode durch Teillösungen zu überbrücken. Und man sollte sich klar darüber sein und dies ebenso klar nach außen kommunizieren, dass auf absehbare Zeit die Grenzen der Europäischen Union enger zu ziehen sind als die Grenzen Europas. Die EU kann der Ukraine, Russland oder einzelnen Ländern Nordafrikas in den nächsten Jahren keine Beitrittsperspektive bieten – wohl aber einen für beide Seiten nützlichen Vertrag über besondere Beziehungen und Kooperationen.

Die Verfassungs-Frage

Natürlich war es richtig, anlässlich der Erweiterung der EU von 15 auf 25 Mitgliedsländer nach neuen Regeln zu suchen, wie diese so viel größere Union weiter und besser funktionieren kann. Das wurde anfangs in der üblichen Weise verhandelt: Diplomaten aus allen Mitgliedsländern handelten einen Entwurf aus, bei einem Treffen der Regierungschefs in Nizza sollte dann der neue Vertrag abgesegnet werden. Von den Vorschlägen blieb dann schließlich nur ein Torso übrig, der so genannte Nizza-Vertrag. Sofort kam berechtigte Kritik auf: Neue Spielregeln für bald ganz Europa könne man in einem halbwegs modernen demokratischen System nicht ohne stärkere Einbeziehung der Bevölkerung beschließen, zumindest nicht ohne Mitwirkung der nationalen Parlamente. Daher wurde ein Konvent einberufen, nach dem Vorbild des Gremiums, das schon bei der Erarbeitung des Menschen- und Grundrechtskatalogs der Union ganz gut funktioniert hatte. Entgegen mancher pessimistischer Prognosen hat der Konvent zur Verfassung ein respektables Ergebnis produziert, das aber in den einzelnen nationalen Öffentlichkeiten und Parlamenten kaum, jedenfalls zu wenig intensiv diskutiert worden ist. Ein zentrales europäisches Defizit hat sich wieder einmal gezeigt: Es gibt keine öffentliche politische Plattform, auf der ein Wettbewerb um die besten Ideen für Europa stattfinden kann.

Noch gravierender war ein anderer Mangel: Viele Europäer machen sich immer größere Sorgen um die steigende Arbeitslosigkeit, um ihre Sicherheit, um die Umwelt und um die Souveränität. Auf diese Sorgen hat natürlich die Verfassung keine konkreten Antworten gegeben. Der bloße Hinweis auf die sicher lobenswerten Lissabon-Ziele, wonach die EU binnen zehn Jahren die wettbewerbsstärkste Ökonomie der Welt werden solle unter Beibehaltung, ja dem Ausbau der Sozial- und Umweltstandards, nützte ebenfalls nichts. Dazu kamen oft genug innenpolitische Probleme, die dazu führten, dass der Verfassungsprozess in eine ernste Krise geriet: Der Entwurf ist in einigen Ländern – via parlamentarischer oder öffentlicher Zustimmung – akzeptiert, bei zwei Volksabstimmungen in Frankreich und in den Niederlanden aber abgelehnt worden. Derzeit gehen die Meinungen auseinander, ob man den Entwurf – eventuell modifiziert – neuen Debatten und Abstimmungen unterwerfen kann oder ob er in der bisherigen Form endgültig gescheitert ist. Klar ist nur eins: Die Europäische Union braucht dringend effizientere Spielregeln, weil sie bald 27 Mitglieder und die drittgrößte Bevölkerungszahl der Welt haben wird.

Neben der neuen Verfassung – ehrlicher wäre es, von einem neuen Vertrag zu sprechen, weil dem Entwurf zahlreiche Elemente einer klassischen Verfassung fehlen – braucht die EU zusätzlich neue Formen, wie sie ihr politisches System der Bevölkerung näher bringen kann. Es wäre schon ein guter Schritt, wenn die europäischen Parteien in einen politischen Wettstreit um die besten Ideen für Europa treten würden. Dann könnte der europäische Bürger auswählen, welches der politischen Programme er unterstützen möchte. Dann würde Europa zugleich für die Medien interessanter und nicht mehr als »Quotenkiller« gelten. Zudem brauchen wir auch eine stärkere Integration der Sozialpartner und NGOs (Non-Governmental Organisations) als Repräsentanten der Bürgergesellschaft in den europäischen politischen Prozess. Schließlich können die zentralen Wirtschafts- und Sozialfragen weder national noch durch eine bloße Souveränitätsübertragung an die Gemeinschaft gelöst werden, sondern es braucht eine Koordination aller Ebenen, national wie supranational.

Und genau eine solche Koordination ist derzeit kaum sicht- und merkbar. Beispiel Forschungsagenden: Hier geht es nicht nur um die nötigen finanziellen Mittel, sondern auch um die Organisation eines europäischen Wettbewerbs für die Forschung und um das Aufbringen des notwendigen Risikokapitals, damit aus den Forschungsergebnissen auch Produkte und Arbeitsplätze werden können. Irland und Finnland können diesbezüglich als positive Beispiele dienen: Staat, Forschung und Unternehmer setzen sich dort an einen gemeinsamen Tisch mit dem Ziel, neue Produktionen und Wirtschaftserfolge zu erreichen.

7

Nach dem Ende der Kommissartätigkeit
seit 2005

Ich habe mich auf meinen Abschied aus Brüssel nicht extra vorbereitet. Ich hätte wahrscheinlich keine besonderen Probleme gehabt, auch eine dritte Amtsperiode anzuhängen. Ich habe entsprechende Signale aus Brüssel und Wien erhalten, aber keine großartigen neuen Herausforderungen in der europäischen Agrarpolitik mehr gesehen. Außerdem war ich persönlich der Meinung, frische Kraft und neue Gedanken tanken zu müssen, speziell wenn man im immer hastiger und daher oberflächlicher ablaufenden politischen Geschäft so lange tätig war. Schließlich hatte ich nach 16 Jahren auch das Fernpendlertum satt und wollte wieder mehr mit meiner Familie in Tirol zusammen sein.

Als Consulter unterwegs

Ein traditionelles Pensionistendasein ist für mich freilich nie zur Debatte gestanden. Ich genieße es aber sehr, selbstbestimmter über meine Zeit verfügen zu können. Ich habe mir daher daheim ein Büro eingerichtet und berate jetzt die kroatische Regierung, bin Aufsichtsratsmitglied in Dublin, halte Vorlesungen und Vorträge und bin Präsident des Ökosozialen Forums.

Ökosoziales Forum, die Plattform für den »Global Marshall-Plan«

Im Herbst 2005 übernahm ich den Vorsitz des Ökosozialen Forums. Ich will es weniger agrarisch, mehr international ausrichten; ich will – unter anderem durch die Mitarbeit am »Global Marshall-Plan« – einen Beitrag leisten, die Welt insgesamt sozial gerechter und umweltfreundlicher zu gestalten und darüber nachzudenken, wie man ein nachhaltigeres Sozial- und Wirtschaftsmodell entwickeln kann.

Ich bin davon überzeugt, dass Europa mit dem Konzept der sozialen Marktwirtschaft, mit dem Abstellen auf Nachhaltigkeit, mit seiner Auffassung von Kultur ein besseres Modell für die Zukunft zu bieten hat als der vielfach gepriesene »American way of life«. Es zahlt sich daher aus, an der Umsetzung der europäischen Ideen in der Welt mitzuarbeiten. Verbunden mit einer solchen Wirtschafts- und Sozialauffassung ist auch eine neue Partnerschaft mit den Entwicklungsländern. Wir müssen wegkommen von der Konzeption des Almosengebens und Konzepte realisieren, aus denen beide Seiten Nutzen ziehen können. Deshalb auch die Anlehnung an General George C. Marshall, der 1947 an die Harvard University gegangen ist und erklärt hat, dass seine Landsleute mithelfen müssten, Europa wieder aufzubauen, was sehr bald beiden Seiten – den USA und Europa – großen Nutzen brachte.

Für die Realisierung dieses Plans sind auch neue finanzielle Mittel notwendig. Selbst wenn die Industriestaaten ihr vor mehr als 20 Jahren gegebenes Versprechen, 0,7 Prozent der Bruttonationaleinkommen in die Entwicklungszusammenarbeit zu investieren, endlich wahr machten, würde das immer noch nicht ausreichen. Die Idee ist daher, auch internationale Abgaben auf bisher unbesteuerte Treibstoffe oder auf Devisentransaktionen einzuführen. Mit den Einnahmen sollen dann ebenfalls internationale Aufgaben ermöglicht werden.

Vortragender an Universitäten

Weiters versuche ich, meine Erfahrungen an die jüngere Generation weiterzugeben: etwa durch Vorlesungstätigkeit an den Universitäten von Wien, Innsbruck und München. Es geht meist um jene Themen, die mich mein ganzes Leben lang beschäftigt haben: um Landwirtschafts- und Agrarpolitik, um das Werden von europäischen Gesetzen vom Beginn einer Idee bis zur Beschlussfassung, um die Konstruktion und die Perspektiven Europas, um die WTO und die Globalisierung. Und um eine Frage, die mich gerade in allerletzter Zeit besonders interessiert: Wie können wir Alternativenergie gewinnen – nicht nur, aber vor allem aus Biomasse.

Meine Freizeit ist zum Leidwesen meiner Familie noch immer knapp bemessen. Ich bekomme auch jede Menge Einladungen zu Vorträgen, bin diesbezüglich etwa ein Dreivierteljahr im Vorhinein ausgebucht. Noch dazu muss ich diese alle selbst vorbereiten, weil mir nach dem Ende meiner politischen Tätigkeit weder eine Sekretärin noch sonst eine Unterstützung zusteht.

Ich werde immer wieder gefragt, ob ich nicht zumindest als Kommissar einen Bodyguard hatte. Das war nur bei offiziellen Besuchen der Fall, wenn der jeweilige Gastgeber für meine Sicherheit sorgen musste. Nur bei einem offiziellen Besuch eines Mitgliedslandes hatte ich wie eben ein Staatsgast behandelt und beschützt zu werden. Auch davon habe ich meist nicht allzu viel bemerkt: Nur einmal, gegen Ende meiner Amtszeit, bin ich in Finnland mit einem gepanzerten Auto vom Flughafen abgeholt worden. Als ich verwundert fragte, warum ausgerechnet in solch einem friedlichen Land ein derartiger Aufwand getrieben werde, wurde mir berichtet, ein anonymer Anrufer habe den Landwirtschaftsminister angerufen und gedroht, mich erschießen zu wollen. Er ist freilich schon bald darauf gefasst worden, weil er von seinem privaten Nokia-Handy angerufen hatte.

Noch ein Angebot: Außenminister nach Ferrero-Waldner

Der Job als Agrarkommissar der EU war zweifellos der Höhepunkt meiner politischen Laufbahn. Der Agrarkommissar hat viel mehr zu reden als beispielsweise der amerikanische Landwirtschaftsminister, ist zum Beispiel auch für den internationalen Agrarhandel zuständig, was der amerikanische Kollege nicht ist, und durch das Kollegialitätsprinzip nicht nur mit seinem eigenen Portfolio beschäftigt, sondern kann in allen EU-Fragen mitentscheiden. Die Phase als österreichischer Minister war sicher auch spannend, damals ging es ja um die Vorbereitung der EU-Mitgliedschaft, man hatte damals in dieser Funktion wesentlich mehr Kompetenzen als heute, wo alle zentralen Entscheidungen nach Brüssel gewandert sind. Mag sein, dass es auch heute noch spannende Aufgaben in Österreich gibt, aber für mich sicher nicht mehr in einer Regierung. Das war auch der Hauptgrund dafür, warum ich das Angebot des Bundeskanzlers, nach der neuen EU-Kommissarin Benita Ferrero-Waldner das Außenministerium zu übernehmen, nicht angenommen habe. Nachdem ich gesagt hatte, das komme für mich nicht in Frage, hat er nur genickt: Er könne das verstehen. Damit war die Sache für uns beide erledigt.

Mich interessiert viel mehr die Chance, neue Ideen so weit zu bringen, dass sie von der Politik übernommen werden können. Dazu hat man in modernen Demokratien mehr im Vorfeld der Politik als im Zentrum Möglichkeiten. Die Politik orientiert sich immer ausschließlicher an kurzfristigen Erfolgen, an Wahlterminen und Umfragedaten. Das gilt auch für die europäische Ebene, die in dieser Hinsicht der nationalen immer ähnlicher wird – kein gutes Zeichen für das Projekt Europa. Die EU eignet sich offensichtlich auch besonders gut als Vehikel, um Frustrationsgefühle zu transportieren. Das alles ist Teil einer Sinnkrise: Die Menschen wissen eigentlich nicht so recht, wie es insgesamt und für sie selbst weitergehen soll. Und sie akzeptieren immer weniger die für sie unbefriedigenden traditionellen Politikangebote.

Eine Bilanz nach 16 Jahren Politik

Während meiner sechzehnjährigen Tätigkeit als Spitzenpolitiker hat sich viel verändert: Erstens ist die Autoritätsgläubigkeit geringer geworden, das gilt für schulische, religiöse, natürlich auch für politische Autoritäten. Zweitens hat sich der Stellenwert von Solidarität verändert. War durch die 68er-Bewegung früher die Meinung vorherrschend, man könne durch Solidarität Gesellschaft und Politik verändern, gibt es heute einen anderen Trend: Jeder versucht, sein eigener Unternehmer zu sein, die »Ich-AG« ist das Maß aller Dinge und man ist nur mehr bereit, für kurze Zeit und ein einzelnes Projekt eine Bindung einzugehen. Drittens glaubt vor allem die jüngere Generation immer weniger, dass Politik der Kern der Gesellschaft sei: Politik wird zu einem Business wie viele andere auch. Und viertens glauben wiederum vor allem die jungen Leute, dass Lebensplanung für sie immer weniger Sinn macht, wenn schon, dann höchstens Lebensabschnittsplanung.

Vor 30 Jahren gab es die weltweite Arbeitsteilung im heutigen Sinn der Globalisierung eher in der Theorie. Als ich in die Schule ging, spendete man einen Schilling für die hungernden Kinder in Indien, heute aber ist Indien selbst in der Landwirtschaft ein Nettoexporteur und China eine Weltmacht. Das zeigt die ungeheure Beschleunigung der Veränderungen in der Welt, mit der die Politik so schwer umgehen kann: Viele Menschen haben das Gefühl, durch die Globalisierung gehe alles viel zu schnell. Das überfordert sie, das lehnen sie ab. Andererseits ist die Geschwindigkeit, mit der Europa, natürlich auch Österreich, verändert wird, zu langsam im Vergleich zu dem, wie anderswo Veränderungen vor sich gehen. Wir verlieren daher immer häufiger bei den Anteilen an Wachstum und Erfolgen. Man müsste das breit diskutieren: Okay, wenn wir es langsamer wollen, mag es behaglicher sein. Aber dann müssen wir längerfristig auf einen Teil unseres Wohlstands verzichten.

Es ist heute eine ziemliche Illusion, zu glauben, Europa könne Vollbeschäftigung sichern. Der erfolgreiche »österreichische Weg« der Siebzigerjahre hatte völlig andere Voraussetzungen. Wir Österreicher pflegen schon lange eine Tendenz, uns als die Kleinen und Benachteiligten zu verstehen, die sich dann ganz toll schlagen. Da können wir neutral bleiben und gleichzeitig sicherheitspolitisch als Trittbrettfahrer mitfahren. Da können wir uns lange zu Recht als Land präsentieren, das durch den Eisernen Vorhang geschädigt wurde, und jetzt zu wenig darüber reden, wie stark wir von dessen Fall profitieren. Oder da können wir geschickt Nischen nutzen, damit wir jetzt als die besseren Deutschen bezeichnet werden.

Dennoch geht auch hier zu Lande der Politikfrust um. Weil die hiesige Politik oft zu wenig rasch agiert, zu wenig mutig die großen Zusammenhänge aufzeigt, zu sehr der Tendenz nachgibt, sich auf den Lorbeeren auszuruhen. Österreich hatte eine historische Chance durch die Erweiterung der EU, hat sie wirtschaftlich auch genutzt, das aber politisch zu wenig kommuniziert. Und jetzt lässt man mit den Anstrengungen schon wieder nach, etwa bei der Innovation. Das wird aber vom Rest der Welt nicht mehr toleriert, das ist leider auch ein Effekt der Globalisierung. Der nostalgische Ruf nach Nationalstaaten wie etwa vom tschechischen Präsidenten Václav Klaus hilft da wenig, im Gegenteil: Die Wirtschaft funktioniert längst anders, und wenn wir keine entsprechenden politischen Regeln finden, gibt es die Globalisierung eben ungebremst, zu Lasten des sozialen Zusammenhalts hier und zu Lasten der Entwicklungsländer insgesamt.

Zurück zu den Wurzeln

Umso mehr braucht Politik heute die NGOs, unabhängige Bürgerorganisationen, welche längerfristige und tiefer gehende Ideen und Initiativen entwickeln und für deren Verbreitung im Vorfeld der Politik sorgen können. Es freut mich, dass ich von einigen zur Mitarbeit eingeladen worden bin, und es freut mich, wenn ich ihnen bei ihrer Suche nach Kontakten und Infrastruktur helfen und etwa das Ökosoziale Forum internationaler ausrichten kann. Mit der Sorge um eine möglichst solidarische, möglichst soziale und möglichst gerechte Welt kehre ich wieder verstärkt zu meinen politischen Wurzeln zurück, zu einer prinzipienorientierten Arbeit im Sinne der christlichen, vielleicht urchristlichen Soziallehre.

Dass ich nebenbei auch Obmann der Tiroler Blasmusikkapellen bin und mithelfe, das Tiroler Museumswesen auf neue Beine zu stellen, hat mit meinen Tiroler Wurzeln zu tun, fällt aber ausschließlich in die Kategorie »Es macht Spaß«. So wie nicht alle, aber die meisten Abschnitte meines Lebens.

Nachwort

Dieses Buch entstand in erster Linie in Gesprächen. In etwa 25 mehrstündigen, im Verlauf eines Jahres meist im Wiener Büro Franz Fischlers geführt. Mit der ihm wohl eigenen Präzision, als wäre er selbst ein Journalist, gewohnt an knappe Fragen und Zeit sparende Antworten.

Dennoch waren es keine traditionellen Interviews: Franz Fischler erinnerte sich bisweilen auch zehn, fünfzehn Minuten lang, aber nie ausschweifend, stets auf das Ergebnis bedacht. Er mag kein großer Schreiber sein, auf jeden Fall aber ist er ein sensibler Gesprächspartner, der sich auf Proportionen versteht, das wirklich Wichtige vom weniger Aussagekräftigen trennend. Immer hellwach, fitter oft als der Fragende, gut vorbereitet, stets anschließend an das, was vor einigen Tagen, ja Wochen gesprochen wurde. Selbst dann, wenn gerade das Flugzeug aus Brüssel stundenlange Verspätung gehabt hatte, eine Rede vorzubereiten und ein Manuskript abzuzeichnen war. Viel weniger kann ein Kommissar der EU auch nicht zu tun haben als Franz Fischler nach seinem Rückzug aus der offiziellen Politik, jedenfalls kein österreichischer Minister.

Die Unterhaltungen mit Franz Fischler waren stets ein Vergnügen. Auch weil sich – hoffentlich sieht er das ebenso – zwischen uns ein Klima der Sympathie entwickelte, in dem publizistisch mehr herauszuholen ist aus einem Leben als bei förmlicher Distanziertheit. Obwohl Fischler – das war der einzige schwierige Punkt – »privat« schwer zu knacken ist, übers »Öffentliche« viel lieber spricht als übers Familiäre, Emotionale, allzu Persönliche. Das weiß er selbst, kann es auch aussprechen und auf das Milieu zurückführen, in dem er aufgewachsen ist: knorrig, bäuerlich, tirolerisch, katholisch. Umso mehr zählt, dass er so weltoffen wurde, am meisten unter dem Provinzialismus leidet, dem er ausgesetzt war, auch vor seiner Tätigkeit in Brüssel: ein Konservativer in bester, fast unösterreichischer Manier, authentisch zu seinen Wurzeln stehend und doch wissend, dass sie allein nicht ausreichen in dieser globalisierten Gesellschaft. Und auch dann zur Wahrheit stehend, wenn sie – siehe Sanktionen und die folgenden antieuropäischen Klischees – nicht ganz dem entspricht, was gängige Feindbilder vermitteln.

Franz Fischler, immerhin mehrere Jahre lang der »ranghöchste« Österreicher auf internationaler Ebene, ist einer jener Politiker, denen es in erster, fast ausschließlicher Linie ums Gestalten geht. Dementsprechend setzt er sich auch jetzt noch begeistert für die europäische Integration ein, kritisiert ihre Defizite, ohne vom Ziel abzulassen. Und dementsprechend widmet er jetzt im Rahmen des »Ökosozialen Forums« auch einen Großteil seiner Zeit dem Ziel, die gesamte Welt gerechter zu gestalten. Nicht, weil er sich zum Missionar berufen fühlt. Sondern »nur« zur Aufklärung darüber, dass wir eben nicht auf einer »Insel der Seligen« leben, auch nicht auf einem einzigen Kontinent, sondern auf einem gemeinsamen, höchst gefährdeten Raumschiff Erde. Es sollte von mehr Politikern vom Schlage Fischlers pilotiert werden.

Peter Pelinka
Sommer 2006

Bildnachweis
Ulrich Schnarr/APA: 38
Photo Pfaundler: 39
Georg Schönwiese / www.av-media.at 40
Johannes Koren: 73
Fotostudio Haslinger: 75 (o.)
Bildagentur Votava: 76
L'Osservatore Romano: 98
Alle anderen Aufnahmen entstammen dem Privatarchiv des Autors

Personenregister

Ahtisaari, Martti 129
Androsch, Hannes 126
Aznar, José María 111, 126, 127, 128

Bangemann, Martin 118
Baumgartner, Imma 95
Bensted-Smith, John 92
Berlusconi, Silvio 151
Bitterlich, Joachim 85
Blair, Tony 112, 126
Brandstaller, Trautl 32
Brittan, Sir Leon 118
Burtin, Jacques 92
Busek, Erhard 41, 43, 61, 64, 67, 68, 82, 86, 88, 89, 90, 95, 96, 105, 106
Byrne, David 153

Chirac, Jacques 85, 110, 111, 124, 125, 126, 127, 128, 146, 161, 163
Claes, Willy 85
Cloos, Jim 89
Cohn-Bendit, Daniel 72
Cowling, Kurt 92
Cresson, Edith 118, 119

De Castro, Paolo 121
De Gaulle, Charles 108
Delors, Jacques 85, 89
Dichand, Hans 66
Dollfuß, Engelbert 14

Eder, Gernot 41
Ederer, Brigitte 82, 86
Erhart, Michael 92

Farnleitner, Hannes 67
Ferrero-Waldner, Benita 169, 170
Fischer, Heinz 12, 95, 131
Fischler, Adelheid, geb. Hausmann (Ehefrau) 47
Fischler, Dora (Mutter) 11
Fischler, Florian (Bruder) 16
Fischler, Franz (Großvater väterlicherseits) 11
Fischler, Josef (Vater) 11
Fischler, Bernadette 5, 48
Fischler, Christoph 13, 16
Fischler, Florian 16
Fischler, Georg (Sohn) 49
Fischler, Klaus (Sohn) 48, 64

Fischler, Maria (Großmutter väterlicherseits) 13
Fischler, Michael (Bruder) 16, 24
Fischler, Peter (Bruder) 16
Fischler, Rudolf (Bruder) 16
Fischler, Ursula (Tochter) 49

Geiger, Engelbert 52
Görg, Bernhard 67
Graefe zu Baringdorf, Friedrich-Wilhelm 72
Graf, Robert 61
Groer, Hans Hermann 68

Haiden, Günter 57
Haider, Jörg 68, 71, 87, 88, 95, 96, 106, 123, 124, 125, 127, 128, 129, 135
Halder, Jakob 51
Heer, Friedrich 29, 32, 41, 82
Hengstschläger, Johannes 105, 106
Hitler, Adolf 91
Hogg, Douglas 106
Horn, Gyula 68
Huber, Alois 87

Kaul, Christine 92
Kettner, Emi 44
Khol, Andreas 105, 106
Kiely, Gerard 92
Kinkel, Klaus 85
Kinnock, Neil 127
Klasz, Walter 64
Klaus, Josef 42
Klaus, Václav 172
Klestil, Thomas 125, 126, 129
Klima, Viktor 24, 27, 57, 66, 82, 85, 151
Kohl, Helmut 86, 151, 161
Koren, Stephan 42
Kothgasser, Alois 69
Krainer, Josef 82, 96
Krammer, Christa 156
Kreid, Harald 68
Kreisky, Bruno 44, 45, 55
Krenkel, Florian 85
Krenn, Kurt 69
Kukacka, Helmut 61
Künast, Renate 72, 132, 161

Lacina, Ferdinand 66, 82, 84, 85, 87, 90
Lamassoure, Alain 84

Lamy, Pascal 152, 157
Langthaler, Monika 72
Lanner, Sixtus 59
Legras, Guy 114, 115
Le Pen, Jean-Marie 128
Lichtenberger, Eva 135

Maderthaner, Leopold 82, 83, 86, 96
Major, John 108
Margreiter, Raimund 48
Marshall, George C. 168
Martin, Hans-Peter 135
Mauer, Otto 32, 46
Mayr, Hans 82, 86
McSharry, Ray 92, 145
Merkel, Angela 161
Michel, Louis 128
Mitterrand, François 161
Mock, Alois 58, 61, 63, 67, 82, 83, 85, 86, 105
Mock, Edith 68
Molterer, Wilhelm 60, 64, 95, 96, 135
Monti, Mario 118, 127, 152
Muhm, Werner 67

Nenning, Günther 32, 64

Oberhuber, Oswald 46
Obholzer, Franz 53
Oreja, Marcelino 129

Pangalos, Theodoros 85
Partl, Alois 54, 55, 56, 63
Patten, Christopher Francis 152
Pirzio-Biroli, Corrado 90, 91
Prodi, Romano 121, 122, 123, 127, 130, 131, 151, 152
Pröll, Erwin 48, 49, 96, 105
Purtscher, Martin 82, 86

Raab, Julius 115
Reitan, Claus 64
Riegler, Josef 43, 57, 58, 59, 60, 61, 63, 64, 65, 67, 68
Roeland, Joop 46
Rusch, Paulus 26, 44

Santer, Jacques 89, 90, 118, 119, 121, 151, 152
Schaumayer, Maria 96

Scheibner, Herbert 129
Schiejok, Walter 87
Schmidhuber, Peter 92
Schmidt, Günther 84
Schmittner, Fritz 48
Schröder, Gerhard 110, 111, 161
Schubert, Kurt 41
Schuschnigg, Kurt 14
Schüssel, Wolfgang 43, 61, 64, 68, 82, 85, 86, 88, 89, 95, 96, 105, 106, 123, 125, 129, 134, 135, 151, 161
Schüssel, Krista »Gigi« 106
Schwarzböck, Rudolf 82, 84
Schwarzenberger, Georg 82, 84
Silva Rodríguez, José Manuel 115
Sperl, Gerfried 32
Stecher, Reinhold 69
Steichen, René 83, 89
Strache, Heinz Christian 135
Strobl, Karl 32, 41
Strohmaier, Rudolf 92
Stummvoll, Franz 42

Taus, Josef 45
Thatcher, Margaret 109, 110
Tichy-Schreder, Ingrid 67
Tuppy, Hans 41, 61

Uhl, Ottokar 32

Van den Broek, Hans 83, 118
Van Miert, Karel 118
Verheugen, Günter 149, 160
Verzetnitsch, Fritz 82
Voggenhuber, Johannes 72, 135
Vranitzky, Franz 61, 67, 82, 85, 86, 88, 90, 96

Waldheim, Kurt 60
Wallnöfer, Eduard 51, 52, 53, 54, 55, 56
Weingartner, Hans 54
Weingartner, Wendelin 54, 96
Weissmann, Charles 107
Wick, Georg 107
Wildt, Werner 54

Zauner, Franz 44
Zernatto, Christof 96
Zourek, Heinz 67